BEI GRIN MACHT SICH IHR WISSEN BEZAHLT

AF131157

- Wir veröffentlichen Ihre Hausarbeit, Bachelor- und Masterarbeit

- Ihr eigenes eBook und Buch - weltweit in allen wichtigen Shops

- Verdienen Sie an jedem Verkauf

Jetzt bei www.GRIN.com hochladen und kostenlos publizieren

Bibliografische Information der Deutschen Nationalbibliothek:

Die Deutsche Bibliothek verzeichnet diese Publikation in der Deutschen National-
bibliografie; detaillierte bibliografische Daten sind im Internet über http://dnb.d-
nb.de/ abrufbar.

Dieses Werk sowie alle darin enthaltenen einzelnen Beiträge und Abbildungen
sind urheberrechtlich geschützt. Jede Verwertung, die nicht ausdrücklich vom
Urheberrechtsschutz zugelassen ist, bedarf der vorherigen Zustimmung des Verla-
ges. Das gilt insbesondere für Vervielfältigungen, Bearbeitungen, Übersetzungen,
Mikroverfilmungen, Auswertungen durch Datenbanken und für die Einspeicherung
und Verarbeitung in elektronische Systeme. Alle Rechte, auch die des auszugsweisen
Nachdrucks, der fotomechanischen Wiedergabe (einschließlich Mikrokopie) sowie
der Auswertung durch Datenbanken oder ähnliche Einrichtungen, vorbehalten.

Impressum:

Copyright © 2018 GRIN Verlag
Druck und Bindung: Books on Demand GmbH, Norderstedt Germany
ISBN: 9783668377257

Dieses Buch bei GRIN:

https://www.grin.com/document/351571

Ernst Hunsicker

Gefahrenabwehrende Sicherstellung von Sachen (hier: Bargeld) durch den Zoll und durch die Bundespolizei als Präventive Gewinnabschöpfung (PräGe)

2., erweiterte Auflage

GRIN Verlag

GRIN - Your knowledge has value

Der GRIN Verlag publiziert seit 1998 wissenschaftliche Arbeiten von Studenten, Hochschullehrern und anderen Akademikern als eBook und gedrucktes Buch. Die Verlagswebsite www.grin.com ist die ideale Plattform zur Veröffentlichung von Hausarbeiten, Abschlussarbeiten, wissenschaftlichen Aufsätzen, Dissertationen und Fachbüchern.

Besuchen Sie uns im Internet:

http://www.grin.com/

http://www.facebook.com/grincom

http://www.twitter.com/grin_com

Ernst Hunsicker

Gefahrenabwehrende Sicherstellung von Sachen (hier: Bargeld) durch den Zoll und durch die Bundespolizei als Präventive Gewinnabschöpfung (PräGe)

2., erweiterte Auflage (2018)

Vorwort zur 2. Auflage

Auch die **Bundespolizei hat ein PräGe-Verfahren** (Sicherstellung von Bargeld), das vor dem Verwaltungsgericht Stuttgart Bestand hatte und rechtkräftig ist, abschließend durchgeführt. Auf das Verfahren wird ausführlich eingegangen (S. 46 ff.).

Aufgenommen wurde § 29 a Niedersächsisches Polizei- und Ordnungsbehördengesetz / NPOG [**Sicherstellung von Forderungen**, Reformgesetz zur Änderung des Niedersächsischen Gesetzes über die öffentliche Sicherheit und Ordnung und anderer Gesetze (Niedersächsischer Landtag – 18. Wahlperiode Drucksache 18/850)], da diese Rechtsgrundlage für die **Präventive Gewinnabschöpfung** von Bedeutung sein wird (S. 58 ff.).

Deshalb habe ich den Buchtitel um „**und durch die Bundespolizei als Präventive Gewinnabschöpfung (PräGe)**" ergänzt.

Ernst Hunsicker   Bad Iburg, im Juni 2018

Vorwort zur 1. Auflage

Seit etwa 15 Jahren befasse ich mich intensiv mit der gefahrenabwehrenden – auch: präventiv-polizeilichen bzw. präventiven – Sicherstellung von Sachen (Gegenstände, Bargeld).

Unter der Bezeichnung „Präventive Gewinnabschöpfung (PräGe)" – auch als „Osnabrücker Modell" bekannt – habe ich dieses Rechtsinstrument damals in Abstimmung mit der Staatsanwaltschaft Osnabrück und der Stadtverwaltung Osnabrück (Ordnungsbehörde) zunächst für den Bereich der Staatsanwaltschaft Osnabrück systematisiert. Eine enge Zusammenarbeit mit den Staatsanwaltschaften bzw. den Ordnungsbehörden (nur Niedersachsen) ist die Grundvoraussetzung für die erfolgreiche Durchführung dieser Verfahren.

Nach meinen ersten Veröffentlichungen (Monografien, Fachaufsätze – **Anhang**) wurde die Präventive Gewinnabschöpfung nach und nach bundesweit bekannt – sie kommt inzwischen in den meisten Bundesländern durch die Polizeibehörden (Ordnungsbehörden in Niedersachsen, geregelt durch einen Runderlass[1]) zur Anwendung.

Da die gesetzlichen Voraussetzungen gegeben sind, wird – so meine Kenntnis – erst seit wenigen Jahren die präventive Sicherstellung von Sachen (hier: Bargeld) auch durch den Zoll genutzt.

Die drei Verfahren „Sicherstellung einer Sache zur Abwehr einer gegenwärtigen Gefahr" durch Behörden des Zollfahndungsdienstes gemäß § 32b Zollfahndungsdienstgesetz (ZFdG), die Gegenstand dieser Veröffentlichung sind, konnten erfolgreich abgeschlossen werden, weil sie vor den Verwaltungsgerichten Bestand hatten.

Auf meiner Homepage http://ernsthunsicker.de/ sind unter dem Menüpunkt „Präventive Gewinnabschöpfung (PräGe)" die mir bekannten verwaltungsgerichtlichen Entscheidungen und sonstige Hinweise zu dieser Thematik niedergelegt.

Ernst Hunsicker   Bad Iburg, im Januar 2017

---

[1] Präventive Gewinnabschöpfung; Hinweise zum Verfahren der Sicherstellung nach § 26 Nds. SOG vor strafprozessualer Herausgabe offensichtlich nicht rechtmäßig erlangter Sachen – Gem. RdErl. d. MI u. d. MJ v. 15.2.2015 - P 22.2-1201-26 (Nds. MBl. Nr. 10/2015 S. 258) - VORIS 21011 -, URL: http://www.schure.de/21011/p22-2-1201-26.htm

Überblick

Seite

Rechtsgrundlagen etc. des Zolls und der Bundespolizei 8

Verwaltungsgerichtliche Verfahren des Zolls 14

- **Beschluss Bay. VGH München, Az. 10 CS 16.895,**
  vom 27.06.2016 (Sicherstellung von 879.900,00 € Bargeld
  durch ein Zollfahndungsamt) 14

- **Beschluss Bay. VGH München, Az. 10 CS 15.1435/**
  10 C 15.1434, vom 17.09.2015 (Sicherstellung von
  59.950 € Bargeld durch ein Zollfahndungsamt) 23

- **Beschluss VG München, Az. M 7 S 15.2626**
  vom 03.11.2015 (Sicherstellung von 79.510,00 € Bargeld
  durch eine Zollbehörde) 38

Verwaltungsgerichtliches Verfahren der Bundespolizei 46

- **Urteil VG Stuttgart, Az. 1 K 2294/17,**
  vom 17. August 2017 (Sicherstellung von 17.640 € Bargeld
  durch die Bundespolizei) 46

Sicherstellung von Forderungen – Gesetzesinitiative
in Niedersachsen 58

Anhang
Monografien und Fachaufsätze von *Ernst Hunsicker*
zur Präventiven Gewinnabschöpfung (PräGe) 62

Berufliche Vita des Verfassers in Kurzform 66

Rechtsgrundlagen etc. des Zolls und der Bundespolizei

Nach § 32b Abs. 1 Zollfahndungsdienstgesetz (ZFdG) können die Behörden des Zollfahndungsdienstes im Zuständigkeitsbereich der Zollverwaltung eine Sache sicherstellen, um eine gegenwärtige Gefahr abzuwehren. Diese Rechtsgrundlage entspricht den Sicherstellungsvorschriften der Gefahrenabwehrgesetze (Polizeigesetze, Sicherheits- und Ordnungsgesetze, Polizeiaufgabengesetze usw.) der Bundesländer[2] und des Bundes[3].

Gemäß § 32b Abs. 2 ZFdG gelten die §§ 48 bis 50 des Bundespolizeigesetzes (BPolG) entsprechend, also die Vorschriften über die
* Verwahrung (§ 48 BPolG),
* Verwertung, Vernichtung (§ 49 BPolG) und
* Herausgabe sichergestellter Sachen oder des Erlöses, Kosten (§ 50 BPolG).

Gesetz über das Zollkriminalamt und die Zollfahndungsämter
(Zollfahndungsdienstgesetz - ZFdG)
§ 32b Sicherstellung, Verwahrung und Verwertung

(1) Die Behörden des Zollfahndungsdienstes können im Zuständigkeitsbereich der Zollverwaltung eine Sache sicherstellen, um eine gegenwärtige Gefahr abzuwehren.
(2) Die §§ 48 bis 50 des Bundespolizeigesetzes gelten entsprechend.

Unter den Begriff „Sache" fallen nur körperliche Gegenstände (vgl. § 90 BGB), also Gegenstände im eigentlichen Sinne und Bargeld[4].

---

§ 90 BGB
Begriff der Sache

Sachen im Sinne des Gesetzes sind nur körperliche Gegenstände.

---

[2] z.B. § 26 Nr. 1 Nds. SOG
[3] § 47 Nr. 1 BPolG
[4] ... Zu den öffentlichen S. i. w. S. gehört das Finanzvermögen, das der Verwaltung nur mittelbar durch seinen Wert (z.B. Bargeld) oder durch seinen Ertrag (z.B. aus Grundstücken) finanzielle Mittel zur Erfüllung ihrer Aufgaben liefert. ... , in: Rechtslexikon.net, URL: http://www.rechtslexikon.net/d/sache/sache.htm

Ob Bargeld, das auf ein Verwahrkonto eingezahlt wurde, weiterhin als Bargeld oder als Buchgeld zu bewerten ist, wird in der Rechtsprechung der Verwaltungsgerichte abweichend beurteilt[5].

Das Bargeld wird zunächst nach § 12a Abs. 4 Zollverwaltungsgesetz (ZollVG) wegen des Verdachts der Geldwäsche sichergestellt und in zollamtliche Verwahrung genommen.

Zollverwaltungsgesetz (ZollVG)
§ 12a Überwachung des grenzüberschreitenden Bargeldverkehrs

(4) Die Zollbediensteten können, wenn Grund zu der Annahme besteht, dass Bargeld oder gleichgestellte Zahlungsmittel zum Zwecke der *Geldwäsche* verbracht werden, das Bargeld oder die gleichgestellten Zahlungsmittel bis zum Ablauf des dritten Werktages nach dem Auffinden sicherstellen und in zollamtliche Verwahrung nehmen, um die Herkunft oder den Verwendungszweck aufzudecken. Fällt der dritte Werktag auf einen Samstag, so endet die Frist mit Ablauf des nächsten Werktages. Diese Frist kann durch Entscheidung eines Richters einmalig bis zu einem Monat verlängert werden. Zur Bekanntmachung der Entscheidung genügt eine formlose Mitteilung. Zuständig ist der Richter bei dem Amtsgericht, in dessen Bezirk die Sicherstellung erfolgt ist. *Die zuständigen Strafverfolgungsbehörden sind von der Sicherstellung unverzüglich zu unterrichten.*

Sofern die zuständige Staatsanwaltschaft mangels konkreter, für eine deliktische Herkunft des Geldes sprechender Anhaltspunkte von der Einleitung eines Ermittlungsverfahrens nach § 152 Abs. 2 StPO absieht bzw. das Verfahren gemäß § 170 Abs. 2 StPO einstellt, können Zollfahndungsämter das Bargeld gemäß § 32b Zollfahndungsdienstgesetz (ZFdG) zur Abwehr einer gegenwärtigen Gefahr sicherstellen, die darin besteht, dass im Falle der Aushändigung des Geldes eine Einziehung oder ein Verfall vereitelt und damit eine Straftat (Geldwäsche) begangen wird.[6]

---

[5] **Zustimmend:** OVG Lüneburg, Az. 11 LB 438/10 / 6 A 22/07, OVG Lüneburg, Az. 11 LA 135/13, Bay. VGH, Az. 10 CS 14.47; **ablehnend:** Bay. VGH, Az. 10 BV 14.2353 / Au 1 K 13.1276
[6] Vgl. Beschluss VGH München, Az. 10 CS 16.895, vom 27.06.2016

§ 152
Anklagebehörde; Legalitätsgrundsatz

(1) Zur Erhebung der öffentlichen Klage ist die Staatsanwaltschaft berufen. *(2) Sie ist, soweit nicht gesetzlich ein anderes bestimmt ist, verpflichtet, wegen aller verfolgbaren Straftaten einzuschreiten, sofern zureichende tatsächliche Anhaltspunkte vorliegen.*

§ 170
Entscheidung über eine Anklageerhebung

(1) Bieten die Ermittlungen genügenden Anlaß zur Erhebung der öffentlichen Klage, so erhebt die Staatsanwaltschaft sie durch Einreichung einer Anklageschrift bei dem zuständigen Gericht. *(2) Andernfalls stellt die Staatsanwaltschaft das Verfahren ein. Hiervon setzt sie den Beschuldigten in Kenntnis, wenn er als solcher vernommen worden ist oder ein Haftbefehl gegen ihn erlassen war; dasselbe gilt, wenn er um einen Bescheid gebeten hat oder wenn ein besonderes Interesse an der Bekanntgabe ersichtlich ist.*

Die sofortige Vollziehung der Sicherstellungsverfügung ist gemäß § 80 Abs. 2 Satz 1 Nr. 4 VwGO anzuordnen.

Verwaltungsgerichtsordnung (VwGO)
§ 80

(1) *Widerspruch und Anfechtungsklage haben aufschiebende Wirkung.* Das gilt auch bei rechtsgestaltenden und feststellenden Verwaltungsakten sowie bei Verwaltungsakten mit Doppelwirkung (§ 80a). *(2) Die aufschiebende Wirkung entfällt nur*
1. bei der Anforderung von öffentlichen Abgaben und Kosten,
2. bei unaufschiebbaren Anordnungen und Maßnahmen von Polizeivollzugsbeamten,
3. in anderen durch Bundesgesetz oder für Landesrecht durch Landesgesetz vorgeschriebenen Fällen, insbesondere für Widersprüche und Klagen Dritter gegen Verwaltungsakte, die Investitionen oder die Schaffung von Arbeitsplätzen betreffen,
4. in den Fällen, in denen die sofortige Vollziehung im öffentlichen Interesse oder im überwiegenden Interesse eines Beteiligten von der Behörde, die den Verwaltungsakt erlassen oder über den Widerspruch zu entscheiden hat, besonders angeordnet wird.

Bundespolizisten entdecken 17 640 Euro im Gepäck

Sachen, von denen eine gegenwärtige Gefahr ausgeht, können durch die Bundespolizei sichergestellt werden. Mit dieser Standardmaßnahme hat vermutlich jeder Kollege bereits seine Erfahrungen gesammelt. In der Regel sind diese präventiven Sicherstellungen von kurzer Dauer, denn sobald die Gefahr vorüber ist, muss die Sache wieder zurückgegeben werden. Doch was ist, wenn es sich dabei um Bargeld handelt, das möglicherweise der Finanzierung von Rauschgiftgeschäften dient? Ein Fall der Bundespolizeiinspektion Konstanz kann diese Frage klären und zeigt nebenbei das Potenzial der präventiven Sicherstellung von Bargeld auf.

Im Juli des Jahres 2016 überprüfen zwei Bundespolizisten am Konstanzer Bahnhof einen 35-jährigen Mann. Es sieht nach einer Routinekontrolle aus. Es stellt sich heraus, dass nach dem Mann gefahndet wird, doch er ist kooperativ und möchte freiwillig mit zur Dienststelle kommen. Dort findet sich in seinem Gepäck jedoch ein auffällig mit Aluminiumfolie umhülltes Päckchen. Der Verdacht auf Drogen ist eindeutig und die bisherigen Erkenntnisse über den in Spanien lebenden Gambier bestätigen diesen Eindruck. Beim Öffnen dann die Überraschung: Statt mit Betäubungsmitteln ist das Paket mit unzähligen Banknoten gefüllt. Am Ende liegen insgesamt 17 640 Euro vor den beiden Bundespolizisten.

Das Geld hatte sich der Mann angeblich als Koch in Barcelona (Spanien) mühsam zusammengespart. In Deutschland wollte er sich davon nun einen Mercedes kaufen, da diese Fahrzeuge hier deutlich günstiger seien als in Spanien. ... Die Kollegen rufen Uwe Löhle, den Finanzermittler der zuständigen Bundespolizeiinspektion Konstanz, hinzu. Dieser entscheidet: Der Mann darf seine Reise fortsetzen, aber ohne die 17 640 Euro aus dem Päckchen.

Umfangreiche Ermittlungen

In den nächsten Tagen bestätigen sich die Vermutungen. Eine Analyse der insgesamt 728 Banknoten zeigt, dass nur 6,5 Prozent von der spanischen Nationalbank herausgegeben wurden. Dagegen stammen 47 Prozent ursprünglich aus Deutschland, ein erheblicher weiterer Teil aus Nachbarländern. Ein Drogentest, der ausschließlich nur bis 50 Euro gestückelten Banknoten, reagiert zudem positiv auf Cannabis. Bereits 2015 wurde der Mann verurteilt, nachdem er illegal 7,3 Kilogramm Marihuana am Flughafen Hamburg eingeführt hatte. Damals verhängte das Amtsgericht Hamburg eine Freiheitsstrafe von fast zwei Jahren auf Bewährung. Den aktuellen Flug nach Barcelona buchte er über dieselbe Agentur wie seinerzeit die Reise nach Hamburg. ...

Widerspruch und Klage

Noch am Tag der Sicherstellung geht bei der Bundespolizeiinspektion Konstanz der Widerspruch gegen die Maßnahme ein. Neue Tatsachen bringt dessen Begründung jedoch nicht. … Für Uwe Löhle und Manfred Günther (vom zuständigen Referat 34 des Bundespolizeipräsidiums) sind die zwischenzeitlich gewonnenen Indizien eindeutig. Das Bargeld könnte zur Begehung von Straftaten vermutlich im Bereich der Betäubungsmittel- kriminalität eingesetzt werden oder stammt bereits aus solchen. Würde das Geld herausgegeben werden, könnte erneut eine gegenwärtige Gefahr da- von ausgehen. Auf dieser Grundlage prüfte das Bundespolizeipräsidium den Widerspruch – ohne Erfolg für den Gambier, er wurde negativ be- schieden. Im Februar reicht der Anwalt des 35-Jährigen Klage gegen die Bundesrepublik Deutschland ein. Er fordert erneut die Herausgabe des Geldes. Das Justiziariat der Bundespolizeidirektion Stuttgart bereitet da- raufhin eine umfangreiche Klageerwiderung vor und beantragt, die Klage abzuweisen.

Wert der durch die Bundespolizei präventiv sichergestellten Sachen
(bewegliche Sachen und Bargeld)
2014:   1 159 162 €
2015:   1 685 071 €
2016:   2 889 249 €

Bestätigung durch das Verwaltungsgericht

Am 17. August 2017 beschäftigt sich das Verwaltungsgericht Stuttgart mit dem Fall und begründet sehr umfangreich die beigebrachten Indizien. Es kommt zu dem Schluss, dass die Klage zwar zulässig, aber unbegründet ist. Zweifelsfrei würde das Geld aus dem Rauschgifthandel stammen und bei Herausgabe auch wieder dafür eingesetzt werden. „Die gegenwärtige Ge- fahr des Drogenhandels bestand zum Zeitpunkt des Erlasses der Sicherstel- lungsverfügung und besteht auch zum jetzigen Zeitpunkt weiter."[2] Die vom Gambier angefochtenen Bescheide wären demnach rechtmäßig und der Kläger nicht in seinen Rechten verletzt. Es besteht kein Anspruch auf die Herausgabe des Geldes. Das Urteil ist bereits rechtskräftig.

Von der Kontrolle bis zum Gerichtsverfahren waren viele Kollegen aus ganz unterschiedlichen Bereichen der Bundespolizei mit dem Fall beschäf- tigt. Und das Urteil beweist, dass sich die Mühe gelohnt hat. Die Menge an Drogen, welche mit 17 640 Euro angekauft und in Umlauf gebracht werden könnte, ist enorm. Eine Gefahr, die nun nicht mehr besteht. Der Mann wird das Geld nie wiedersehen.

Benjamin Fritsche[7]

---

[7] Bundespolizei kompakt 01|2018 (Zeitschrift der Bundespolizei), S. 32 ff.

Die präventive Sicherstellung

Aufgrund der umfangreichen Ermittlungen wurde eine Beweisgrundlage geschaffen, die einer verwaltungsgerichtlichen Überprüfung standhielt. Problematisch ist hier häufig die Gefahrenprognose. Für den Fall der Sicherstellung von Bargeld stellen die Verwaltungsgerichte hohe Anforderungen bezüglich der Intensität der Gefahr und der zeitlichen Nähe des möglichen Schadenseintritts.

Nach der Rechtsprechung der Verwaltungsgerichte scheidet eine Sicherstellung von Bargeld zum Schutz der Rechte des rechtmäßigen Eigentümers grundsätzlich aus, wenn die der Eigentumsübertragung zugrunde liegenden Rechtsgeschäfte nichtig sind (§§ 134, 817 Bürgerliches Gesetzbuch (BGB)), zum Beispiel Drogengeld oder Schleuserlohn. Nach dieser Auffassung handelt es sich bei der Sicherstellung zum Schutz privater Rechte (§ 47 Nr. 2 Bundespolizeigesetz (BPolG)) zusätzlich um eine Form der Geschäftsführung ohne Auftrag (§ 677 BGB), welche eine Beachtung des Willens des Berechtigten voraussetzt. Der Käufer von Drogen habe zum Beispiel grundsätzlich kein Interesse an der Rückübereignung des für die Drogen gezahlten Geldbetrages, so dass eine Sicherstellung zur Sicherung zivilrechtlicher Ansprüche grundsätzlich ausscheidet. In diesen Fällen hat der Nachweis der künftigen Verwendung des Bargeldes für die Ausführung von Straftaten eine besondere Bedeutung. In dem vorliegenden Sachverhalt konnte mit an Sicherheit grenzender Wahrscheinlichkeit nachgewiesen werden, dass der sichergestellte Bargeldbetrag durch die Ausführung von Straftaten erlangt wurde und auch wieder in Drogengeschäfte investiert werden sollte. Das Verwaltungsgericht Stuttgart bestätigte daraufhin die Rechtmäßigkeit der Sicherstellung der Banknoten zur Abwehr einer gegenwärtigen Gefahr auf der Grundlage des § 47 Nr. 1 des Bundespolizeigesetzes.

Mit der Einführung des selbstständigen Einziehungsverfahrens auf der Grundlage des § 76a Strafgesetzbuch (StGB) in Verbindung mit den §§ 435 ff. Strafprozessordnung (StPO) hat der Gesetzgeber eine weitere Rechtsgrundlage für die Sicherung inkriminierten Bargeldes geschaffen. Danach ist die Einziehung von Bargeld auch dann möglich, wenn der Nachweis über die Herkunft des Geldes aus einer konkreten Straftat nicht geführt und der Betroffene den rechtmäßigen Erwerb des Geldes nicht belegen kann. Damit hat der Gesetzgeber erstmalig eine Mitwirkungspflicht des Betroffenen und eine Beweiserleichterung für die Polizei- und Justizbehörden normiert.[8]

---

[8] *Günther, Manfred*, Sachbearbeiter im Referat 34 des Bundespolizeipräsidiums und „oberster" Finanzermittler der Bundespolizei, in: Bundespolizei kompakt 01|2018, S. 35

10 CS 16.895
Bayerischer Verwaltungsgerichtshof
Beschluss vom 27.06.2016 (rechtskräftig)

Sicherstellung von 879.900,00 € Bargeld durch ein Zollfahndungsamt – Anordnung des Sofortvollzugs der Sicherstellung von Bargeld zur Abwehr einer gegenwärtigen Gefahr („Verwenden des Geldes zu illegalen Zwecken")

Titel:
Präventive Sicherstellung von Bargeld

Normenkette:
ZFdG § 32b Abs. 1

Redaktionelle Leitsätze:
Die Anordnung des Sofortvollzugs der Sicherstellung von Bargeld kommt auch in Betracht, wenn keine belegbaren Umstände vorliegen, dass das Geld aus einer Straftat stammt und kein Ermittlungsverfahren wegen Steuerhinterziehung oder Geldwäsche eingeleitet wird.
Ausreichend können die auffälligen Umstände der Reise und des Geldtransportes, die ungeklärten Angaben zur Herkunft und dem Verwendungszweck des Geldes sowie die unklaren Eigentumsverhältnissen sein.
Die Sicherstellung von Bargeld zur Abwehr einer gegenwärtigen Gefahr erfordert nachvollziehbare Anhaltspunkte, dass das Geld unmittelbar oder in nächster Zeit zur Vorbereitung oder Begehung einer Straftat verwendet wird.
Dabei lässt allein die ungeklärte oder deliktische Herkunft des Geldes noch nicht den Schluss auf seine weitere deliktische Verwendung zu.
Ist die Sachlage im Eilverfahren offen, spricht die Interessensabwägung für die Sicherstellung.

Schlagworte:
Sicherstellung von Bargeld, Interessensabwägung, gegenwärtige Gefahr, Geldwäsche, Zollfahndungsdienst

Vorinstanz: VG München Beschluss vom 31.03.2016 7 S 15.3330

Tenor

I.

Die Beschwerde wird zurückgewiesen.

II.

Der Antragsteller trägt die Kosten des Beschwerdeverfahrens.

III.

Der Streitwert für das Beschwerdeverfahren wird auf 439.950 Euro festgesetzt.

Gründe

I.

1 Der Antragsteller, ein lettischer Staatsangehöriger, verfolgt mit seiner Beschwerde seinen in erster Instanz erfolglosen Antrag auf Wiederherstellung der aufschiebenden Wirkung seiner Klage gegen die Sicherstellungsverfügung des Zollfahndungsamtes M. vom 7. Mai 2015 und auf Anordnung der Herausgabe des sichergestellten Geldbetrags in Höhe von 879.900 Euro weiter.

2 Am 3. April 2015 wurde im Rahmen einer Zollkontrolle bei dem mit dem Zug aus Prag nach München reisenden Antragsteller Bargeld in Höhe von 879.900 Euro, ganz überwiegend in Form von 500-Euroscheinen, aufgefunden, das in der Rückwand eines Trolley-Rucksacks in Form von mit Klebeband stabilisierten Paketen versteckt war. Zur Herkunft des Geldes und Verwendungszweck wollte sich der Antragsteller nicht ohne Rücksprache mit einem Rechtsanwalt äußern. Eine INPOL-Abfrage blieb ergebnislos. Das Bargeld wurde nach § 12a Abs. 4 Zollverwaltungsgesetz (ZollVG) wegen des Verdachts der Geldwäsche sichergestellt. Das Amtsgericht Cham verlängerte mit Beschluss vom 7. April 2015 die Sicherstellungsfrist bis zum 8. Mai 2015. Im Rahmen eines sog. Clearingverfahrens teilte der lettische Zollfahndungsdienst der Bundespolizei Daten über den Antragsteller mit. Die Staatsanwaltschaft R. sah mangels konkreter, für eine deliktische Herkunft des Geldes sprechender Anhaltspunkte von der Einleitung eines Ermittlungsverfahrens nach § 152 Abs. 2 StPO ab.

3 Mit Verfügung vom 7. Mai 2015 stellte das Zollfahndungsamt M. das Bargeld gemäß § 32b Zollfahndungsdienstgesetz (ZFdG) zur Abwehr

einer gegenwärtigen Gefahr sicher, die darin bestehe, dass im Falle der Aushändigung des Geldes eine Einziehung oder ein Verfall vereitelt und damit eine Straftat (Geldwäsche) begangen würde. Gleichzeitig wurde die sofortige Vollziehung der Sicherstellungsverfügung gemäß § 80 Abs. 2 Satz 1 Nr. 4 VwGO angeordnet. Zur Begründung wurde im Wesentlichen ausgeführt, dass die Geldpakete dem Antragsteller in Lettland von einer unbekannten Person mit dem Auftrag übergeben worden seien, sie nach Ljubljana und/oder München zu verbringen. Mit der Sicherstellung des aus einer rechtswidrigen Tat (gewerbsmäßige Steuerhinterziehung) stammenden Geldes würden weitere Straftaten verhindert. Nach den einschlägigen Erkenntnissen würden große Geld-scheine vor allem von Kriminellen und Steuerhinterziehern als Wertan-lage genutzt. In Übereinstimmung mit den lettischen Behörden sei da-von auszugehen, dass der Antragsteller schon infolge seiner Vermö-genslosigkeit nicht der wirtschaftlich Berechtigte sei, vielmehr nur als Geldkurier fungiert habe. Aufgrund der gewählten Reiseroute könne nicht ausgeschlossen werden, dass zumindest ein Teilbetrag der Geld-summe für München bestimmt gewesen sei. Nach der durch die Fahr-karten nachgewiesenen Planung des Antragstellers habe er am 4. April 2015 gegen 6:00 Uhr in Ljubljana ankommen und bereits am Nachmit-tag desselben Tages über Wien nach Prag zurückfahren wollen, um von dort mit der Reisegruppe, mit der er schon von Riga nach Prag gereist sei, wieder in die lettische Hauptstadt zurückzukehren. Die vom Be-vollmächtigten benannten Unterlagen, aus denen sich die legale Her-kunft des Geldbetrages ergebe, seien bislang nicht vorgelegt worden; deshalb sei man weiter der festen Überzeugung, dass es aus gewerbs-mäßiger Steuerhinterziehung herrühre. Für die Sicherstellung bestehe ein besonderes Vollzugsinteresse, da es sich hierbei um eine dringliche Maßnahme zur Gefahrenabwehr handle, deren Zweck nicht durch die Möglichkeit zur Einlegung eines Rechtsbehelfs und damit durch dessen aufschiebende Wirkung auf unbestimmte Zeit vereitelt werden dürfe.

4   Mit Schreiben vom 20. Mai 2015 legte der Antragsteller Widerspruch gegen die Verfügung vom 7. Mai 2015 ein und begründete ihn mit Schreiben vom 29. Juni 2015 unter anderem mit dem Vortrag, der An-tragsteller habe den Geldbetrag in Prag als Darlehensvaluta für eine sog. Geschäftsfeldsentwicklung im Bereich Immobilien erhalten; hie-rauf komme es jedoch angesichts des Fehlens jeglicher Anhaltspunkte für eine kriminelle Herkunft oder Verwendung nicht an. Das Zollkrimi-nalamt wies den Widerspruch mit Widerspruchsbescheid vom 5. Au-gust 2015 zurück. Am 9. September 2015 erhob der Antragsteller Klage (M 7 K 15.3938) gegen die Sicherstellungsverfügung und zugleich auf Verpflichtung zur Freigabe des sichergestellten Betrages.

5 Mit Beschluss vom 31. März 2016 hat das Verwaltungsgericht den Antrag nach § 80 Abs. 5 Satz 1 VwGO abgelehnt, die aufschiebende Wirkung des Widerspruchs des Antragstellers und seiner nachfolgenden Anfechtungsklage gegen die Verfügung vom 7. Mai 2015 wiederherzustellen, sowie anzuordnen, dass die Antragsgegnerin den sichergestellten Geldbetrag an den Antragsteller herauszugeben habe. Der Ausgang des Klageverfahrens stelle sich nach summarischer Einschätzung als offen dar. Es müsse geklärt werden, ob die auf eine deliktische Herkunft und Verwendung des Geldbetrages hinweisenden Indizien ausreichendes Gewicht für eine präventive Sicherstellung hätten. Hierzu bedürfe es weiterreichender Ermittlungen, insbesondere einer Prüfung der vom Antragsteller beigebrachten Unterlagen. Das öffentliche Interesse an einer vorläufigen Vollziehung habe angesichts des bei einer Auszahlung unwiederbringlich verlorenen Geldbetrages Vorrang vor dem privaten Interessen des Antragstellers, das Geld, auf das er nicht angewiesen sei, sofort zu investieren. Die Sicherstellung von Bargeld zur Abwehr einer gegenwärtigen Gefahr komme nur dann in Betracht, wenn eine entsprechend abgesicherte Prognose, die auf der Basis hinreichend konkreter und nachvollziehbarer tatsächlicher Anhaltspunkte zu stellen sei, ergebe, dass das Geld unmittelbar oder in allernächster Zeit zur Vorbereitung oder Begehung von Straftaten verwendet werde. Die Schlussfolgerungen insoweit müssten einen konkret umrissenen Ausgangspunkt tatsächlicher Art aufweisen; allein die ungeklärte oder deliktische Herkunft des Geldes rechtfertige nach der vorliegenden Rechtsprechung noch nicht die Annahme einer deliktischen Verwendung. Zwar sei der Antragsteller bisher strafrechtlich noch in keiner Weise in Erscheinung getreten, gleichwohl sprächen gewichtige Anhaltspunkte, die sich aus den Umständen des Transports, der Art und Weise der teilweise unglaubwürdigen Einlassung des Antragstellers gegenüber den Behörden und auch aus der außerordentlichen Höhe des mitgeführten Geldbetrages ergäben, für einen deliktischen Hintergrund. Insbesondere sei ungewöhnlich, dass ein privater Unternehmer einer Person aus dem Ausland ein Darlehen in Höhe von 880.000 Euro in bar auszahle, wenn damit ein Bauvorhaben in der tschechischen Republik (Errichtung eines Hotels) finanziert werden solle. Nicht nachvollziehbar sei weiter, warum die Vertragsunterlagen in Prag in die deutsche Sprache übersetzt, dann aber mehrere Monate nicht vorgelegt worden seien. Die Verwendung des Geldes zur Begehung von Straftaten sei wahrscheinlich, zumal ein Verbrauch im Rahmen der allgemeinen Lebensführung nach den konkreten Umständen und der allgemeinen Lebenserfahrung ausgeschlossen sei. Im Übrigen bestehe auch ein strafrechtlicher Anfangsverdacht nach § 152 StPO; die Nichtaufnahme von Er-

mittlungen sei lediglich mit dem Fehlen nicht ohne weiteres erkennbarer und erfolgversprechender Ermittlungsansätze begründet worden.

6 Die gegen den Beschluss des Verwaltungsgerichts eingelegte Beschwerde des Antragstellers vom 25. April 2016 wird im Wesentlichen damit begründet, dass gerade keine hinreichend belastbaren Anhaltspunkte dafür bestünden, die auf eine deliktische Herkunft des Geldes hindeuteten. Auch die Behauptung, mit ihm sollten Straftaten begangen werden, basiere nicht auf Tatsachen. Eine gegenwärtige Gefahr im Sinn von § 32b Abs. 1 ZFdG bestehe nicht einmal ansatzweise. Es habe bereits im Zug erhebliche Verständigungsschwierigkeiten zwischen dem Antragsteller und der Polizei gegeben, außerdem sei ihm die Niederschrift über seine Vernehmung im Beisein der Dolmetscherin nicht nochmals vorgelesen und von ihm nicht unterschrieben worden. Der Vortrag des Antragstellers, das Geld sei als Darlehensvaluta für ein Immobilienvorhaben in der tschechischen Republik übergeben worden, sei weder erschüttert noch widerlegt worden. Im Übrigen lägen keinerlei negative Erkenntnisse gegen den Antragsteller vor, weshalb die Antragsgegnerin ihre ausschließlich auf Vermutungen beruhenden Feststellungen lediglich mit dem Ziel äußere, Verdachtsmomente zu kumulieren. Die pauschale Behauptung von Ungereimtheiten und angeblich nicht nachvollziehbaren Handlungen des Antragstellers unter der Überschrift „dubios" seien in rechtlicher Hinsicht nicht ausreichend, um einen kriminellen Hintergrund zu konstruieren.

7 Die Antragsgegnerin tritt der Beschwerde mit der Begründung entgegen, eine Gesamtschau der vorliegenden Tatsachen und Hinweise ergebe eine gegenwärtige Gefahr, wobei der Nachweis der deliktischen Herkunft und einer entsprechenden Verwendung nicht erforderlich sei. Zudem werde verkannt, dass der Ausgang eines Strafverfahrens nicht präjudiziell für Entscheidungen anderer Behörden sei. Die Einstellung des staatsanwaltschaftlichen Ermittlungsverfahrens wegen des Verdachts der Geldwäsche indiziere daher nicht die Rechtswidrigkeit der angefochtenen Sicherstellung.

8 Ergänzend wird auf die Gerichtsakten beider Instanzen sowie die vorgelegte Behördenakte Bezug genommen.

II.

9 Die zulässige Beschwerde bleibt ohne Erfolg. Die angefochtene Entscheidung ist nicht abzuändern, weil das Verwaltungsgericht den Antrag des Antragstellers auf Wiederherstellung der aufschiebenden Wir-

kung seiner Anfechtungsklage gegen den Bescheid der Beklagten vom 7. Mai 2015 zu Recht abgelehnt hat.

10 Unter Berücksichtigung des Beschwerdevorbringens des Antragstellers, auf dessen Prüfung der Verwaltungsgerichtshof nach § 146 Abs. 4 Satz 6 VwGO beschränkt ist, stellen sich die Erfolgsaussichten der Klage im Hauptsacheverfahren als offen dar (1.). Bei der bei offenen Erfolgsaussichten des Hauptsacherechtsbehelfs vom Beschwerdegericht vorzunehmenden Interessenabwägung zwischen dem öffentlichen Interesse an der sofortigen Vollziehung der Sicherstellungsverfügung und dem Suspensivinteresse des Antragstellers sind die Folgen, die einträten, wenn die Gewährung des vorläufigen Rechtsschutzes versagt würde, das Verfahren in der Hauptsache hingegen Erfolg hätte, den Auswirkungen gegenüberzustellen, die entstünden, wenn die aufschiebende Wirkung wiederhergestellt würde, der Rechtsbehelf in der Hauptsache aber keinen Erfolg hätte. Diese Interessenabwägung führt vorliegend zum Überwiegen des öffentlichen Interesses an der sofortigen Vollziehung der angefochtenen Anordnung bis zur Entscheidung im Hauptsacheverfahren (2.).

11 1. Eine hinreichend gesicherte Aussage über die Rechtmäßigkeit oder Rechtswidrigkeit der im Hauptsacheverfahren angefochtenen Sicherstellung lässt sich im Eilverfahren nicht treffen, da diese von der weiteren Aufklärung des Sachverhalts und der sich daran anschließenden Beantwortung schwieriger Rechtsfragen abhängt, so dass von offenen Erfolgsaussichten der Anfechtungsklage auszugehen ist. Damit ist aus heutiger Sicht ungeklärt, ob das Geld im Falle einer Herausgabe vom Antragsteller zur Begehung von Straftaten verwendet würde; der Wertung im angefochtenen Beschluss, diese Befürchtung sei „sehr wahrscheinlich" (vgl. BA, S. 19, 2. Abs.), vermag der Senat nach derzeitiger Erkenntnislage allerdings nicht zu folgen.

12 Zu Recht weist die Beschwerde zwar darauf hin, dass keine konkreten belegbaren Anhaltspunkte bekannt geworden sind, wonach der sichergestellte Geldbetrag aus einer Straftat stammt und wieder in einen bestimmten kriminellen Kreislauf eingespeist werden soll; dementsprechend wurde gegen den Antragsteller auch kein strafrechtliches Ermittlungsverfahren wegen des Verdachts etwa der Steuerhinterziehung oder der Geldwäsche eingeleitet, nachdem zureichende tatsächliche Anhaltspunkte im Sinn von § 152 Abs. 2 StPO für eine verfolgbare Straftat nicht vorlagen. Gleichwohl bedeutet dies nicht automatisch, dass eine Sicherstellung aus Sicht der ausschließlich präventiv-polizeilichen, nicht strafverfolgenden Zwecken dienenden Vorschrift des § 32b Abs.

2 ZFdG bei Vorliegen eines Anfangsverdachts ausgeschlossen wäre. In diesem Zusammenhang sind bei summarischer Betrachtung für die Anordnung des Sofortvollzugs die im Ausgangs- und Widerspruchsbescheid benannten auffälligen Umstände der Reise des Antragstellers, des Geldtransports und der ebenfalls noch nicht abschließend geklärten Angaben zu Herkunft und Verwendungszweck des Geldes ausreichend. Auch die Frage, ob der Antragsteller lediglich als Kurier fungiert hat oder ob ihm das Eigentum an den Geldscheinen zusteht, bedarf weiterer Aufklärung im Hauptsacheverfahren.

13 Das Verwaltungsgericht hat im angefochtenen Beschluss vom 31. März 2016 (BA, S. 16) unter Heranziehung der vorliegenden Rechtsprechung zu Recht darauf hingewiesen, dass Bargeld zur Abwehr einer gegenwärtigen Gefahr nur dann sichergestellt werden kann, wenn hinreichend konkrete und nachvollziehbare tatsächliche Anhaltspunkte dafür vorliegen, dass das Geld unmittelbar oder in allernächster Zeit zur Vorbereitung oder Begehung von Straftaten verwendet werden wird, wobei allein eine ungeklärte oder deliktische Herkunft noch nicht den Schluss auf seine weitere deliktische Verwendung zulässt; nach der konkreten, durch Indizien abgesicherten Situation muss der Schluss gerechtfertigt sein, dass das Geld mit an Sicherheit grenzender Wahrscheinlichkeit wieder zu illegalen Zwecken verwendet werden soll (vgl. BayVGH, B.v. 17.9.2015 - 10 CS 15.1435 u. a. - juris Rn. 21-23, zu einem Fall aus dem Bereich der Drogenkriminalität).

14 Vor dem Hintergrund dieser Ausführungen ist eine weitere Aufklärung des hier maßgeblichen Sachverhalts in der mündlichen Verhandlung über die Anfechtungsklage vor dem Verwaltungsgericht München geboten und durchaus möglich, jedenfalls nicht deswegen ausgeschlossen, weil - wie mit der Beschwerde geltend gemacht wird - auch während des immerhin sieben Monate anhängigen Eilverfahrens „bis heute kein kriminelles Umfeld" des Antragstellers festgestellt worden sei, und dabei die „Kontaktdaten auf seinem Mobiltelefon" keine strafrechtlich verwertbaren, insbesondere geldwäscherelevanten Kontakte hätten erkennen lassen. Der summarische Charakter des Eilverfahrens lässt auch keinen Schluss dahingehend zu, ob eine weitere Aufklärung hinreichende tatsächliche Anhaltspunkte für eine drohende deliktische Verwendung des Bargeldes ergeben wird oder nicht. So können sich insbesondere aus dem vom Antragsteller mit Schreiben vom 30. November 2015 vorgelegten Vertragswerk vom 23. August 2014 und 3. April 2015 für den vorliegenden Fall maßgebliche Folgerungen ergeben; nachdem über den Inhalt der Verträge offenbar zwischen den Beteiligten keine einheitliche Meinung besteht, bedarf es auch insoweit einer

mündlichen Verhandlung. Weitere Klarheit könnte in der vorliegenden Streitsache möglicherweise die Aufklärung des Inhalts der Aussagen des Antragstellers erbringen, die er gegenüber den Bundespolizisten - vor und nach Eintreffen eines Dolmetschers - gemacht hat (vgl. Beschwerdebegründung, S. 4, 3.).

15 Zu einer Abänderung der erstinstanzlichen Entscheidung führt auch nicht der Beschwerdevortrag, die Angaben des Antragstellers seien zu Unrecht als unplausibel bezeichnet worden und die Aussage, die abgegebenen Erklärungen zur Herkunft und Verwendung des Geldes seien „dubios", reiche nicht aus. Die zitierten Aussagen dienen nur zur Begründung der Offenheit der Erfolgsaussichten der Klage, bedürfen aber selbstverständlich - soweit entscheidungserheblich - einer nochmaligen Prüfung im Hauptsacheverfahren im Hinblick auf die Notwendigkeit, belastbare Erkenntnisse über die Frage zu gewinnen, ob der Geldbetrag aus strafrechtlich relevanter Betätigung stammt und wieder einem kriminellen Kreislauf zugeführt werden soll. Hieran ändert auch der vom Antragsteller betonte Umstand nichts, dass seit der Sicherstellung des Geldes im April 2015 bereits mehr als ein Jahr vergangen ist, ohne dass seither strafrechtlich relevante Umstände über den Antragsteller bekannt geworden sind. Auf der Grundlage der im Hauptsacheverfahren (möglicherweise) gewonnenen Erkenntnisse bedarf es dann nicht nur einer Auseinandersetzung mit dem Begriff der „gegenwärtigen Gefahr" (§ 32b ZFdG), sondern unter Umständen auch mit der Frage, ob die dauerhafte Entziehung deliktisch erlangter Geldscheine durch den Staat im Wege der sog. präventiven Gewinnabschöpfung über § 32b ZFdG möglich ist (für die Befugnisnorm des Art. 25. Nr. 1 PAG offen gelassen: BayVGH, U.v. 23.2.2016 - 10 BV 14.2353 - juris Rn. 24 und 30). In rechtlicher Hinsicht wird im Hauptsacheverfahren wohl zu beachten sein, dass die Mitnahme des Bargeldes durch den Antragsteller von Prag nach München nicht nach dem - ausschließlich für den die Gemeinschaftsgrenzen überschreitenden Bargeldverkehr geltenden - § 12a Abs. 1 Zollverwaltungsgesetz (ZollVG) generell anmeldepflichtig war, eine Anmeldepflicht nach § 12a Abs. 2 ZollVG vielmehr erst im Falle eines (hier bisher nicht behaupteten) ausdrücklichen Verlangens der Zollbediensteten, mitgeführtes Bargeld von mehr als 10.000 Euro anzugeben, bestand (vgl. Zimmermann in Rüsken, Zollrecht, 1. Aufl. 2002, 158. Lieferung, § 12a ZollVG Rn. 21); insoweit würde der vorliegende Sachverhalt also von demjenigen, der den vom Widerspruchsbescheid in Bezug genommenen Urteilen des Verwaltungsgerichts Frankfurt a.M. vom 10. März 2015 zugrunde lag, abweichen.

16 2. Stellen sich die Erfolgsaussichten des Hauptsacheverfahrens somit wegen der aufgezeigten rechtlichen und tatsächlichen Fragen als offen dar, sind das öffentliche Interesse an der sofortigen Vollziehung der Sicherstellungsanordnung und das Interesse des Antragstellers an der sofortigen „Freigabe" des sichergestellten Geldes infolge der Wiederherstellung der aufschiebenden Wirkung gegeneinander abzuwägen. Den Interessen der Antragsgegnerin ist insoweit der Vorrang einzuräumen, weil die Folgen, die sich für die mit der Sicherstellung bezweckte Absicht ergeben würden, wenn dem Rechtsschutzbegehren des Antragstellers stattgegeben und der Geldbetrag ausgezahlt würde, gravierender sind, als die eventuell bis zu einer Entscheidung in der Hauptsache durch den sofortigen Vollzug der angefochtenen Verfügung für den Antragsteller eintretenden Nachteile, die insbesondere darin bestehen, über den Geldbetrag nicht verfügen und damit keine Erträge erzielen zu können. Würde ihm aber das Geld bereits heute ausgezahlt, wäre ein erneuter präventiv-polizeilicher Zugriff trotz Abweisung der Anfechtungsklage praktisch nicht mehr möglich. Der Senat folgt dem Ergebnis der - mit der Beschwerde im Übrigen nicht ausdrücklich angegriffenen - Interessenabwägung im Beschluss vom 31. März 2016 (BA, S. 14/15).

17 Die Kostenfolge ergibt sich aus § 154 Abs. 2 VwGO.

18 Die Streitwertfestsetzung beruht auf § 63 Abs. 2 Satz 1, § 47, § 53 Abs. 2 Nr. 2, § 52 Abs. 3 GKG i. V. m. Nr. 1.5 des Streitwertkatalogs für die Verwaltungsgerichtsbarkeit.

19 Dieser Beschluss ist unanfechtbar (§ 152 Abs. 1 VwGO).

Quelle: Bayern.Recht – Bayerische Staatskanzlei, URL: http://www.gesetze-bayern.de/Content/Document/Y-300-Z-BECKRS-B-2016-N-48793?hl=true

10 CS 15.1435 / 10 C 15.1434
Bayerischer Verwaltungsgerichtshof
Beschluss vom 17.09.2015 (rechtskräftig)

Sicherstellung von 59.950 € Bargeld durch ein Zollfahndungsamt („Begehung von Straftaten nach dem Betäubungsmittelgesetz")

Normenketten	Fundstellen	Schlagworte
§ 42 Abs. 1 VwGO § 42 Abs. 2 VwGO § 80 Abs.1 S. 1 Nr. 4 VwGO § 80 Abs. 5 S. 3 VwGO § 1 Abs. 1 ZFdG § 24 Abs. 2 ZFdG § 32b ZFdG § 48 BGSG 1994 § 49 BGSG 1994 § 50 BGSG 1994 § 261 Abs. 1 StGB § 170 Abs. 2 StPO Art. 14 Abs. 1 GG		Prozesskostenhilfe Erfolgsaussichten der Rechtsverfol- gung Eigentumsfreiheit faktische Betroffen- heit Anwendungsvorrang gegenwärtige Ge- fahr Gefahrenprognose

Leitsatz:
1. Zur Antrags- und Klagebefugnis des (behaupteten) Eigentümers von präventiv sichergestelltem Bargeld, der nicht Adressat der angefochtenen Sicherstellungsverfügung ist. (amtlicher Leitsatz)

Schlagworte:
Antrags- und Klagebefugnis, Eigentümer, Bargeld, Adressat, Sicherstellungsverfügung, Prozesskostenhilfe, Erfolgsaussichten, Rechtsverfolgung, Nichtadressat, Dritter, Gefahrenprognose, Anhaltspunkt, Nachvollziehbarkeit, Zollfahndungsamt[9]

---

[9]   Bayern.Recht – Bayerische Staatskanzlei, URL: http://www.gesetze-bayern.de/Content/Document/Y-300-Z-BECKRS-B-2015-N-52659?hl=true

Kurzsachverhalt

Das aus der Tschechischen Republik in die Bundesrepublik Deutschland kommende Fahrzeug mit Herrn S. A. als Fahrer und seinem Bruder, Herrn K. A., als Beifahrer wurde einer Kontrolle unterzogen. Der bei den Fahrzeuginsassen durchgeführter Drogenwischtest verlief positiv auf Metamphetamin/Amphetamin. Bei der Durchsuchung des Fahrzeugs wurde hinter einer Verkleidung ein Geldbetrag in Höhe von 59.950 Euro gefunden. Bei der vom Zollfahndungsamt durchgeführten Befragung machten die Fahrzeuginsassen zur Herkunft des Geldes und den Eigentumsverhältnissen widersprüchliche Angaben. Das daraufhin gegen K. A. und S. A. eingeleitete Ermittlungsverfahren wegen des Verdachts der Geldwäsche wurde mit Verfügung der Staatsanwaltschaft gemäß § 170 Abs. 2 StPO eingestellt und die Beschlagnahme des Bargeldes in Höhe von 59.950 Euro wurde mit Verfügung der Staatsanwaltschaft aufgehoben. Ebenso wurde der bestätigende Beschluss des Amtsgerichts W. aufgehoben. Das Zollfahndungsamt M. stellte daraufhin das Bargeld in Höhe von 59.950 Euro gemäß § 32b Zollfahndungsdienstgesetz (ZFdG) zur Abwehr einer gegenwärtigen Gefahr sicher und ordnete gleichzeitig die sofortige Vollziehung der Sicherstellungsverfügung gemäß § 80 Abs. 2 Satz 1 Nr. 4 VwGO an.

Leitsätze (des Autors)

1. Nach § 32b Abs. 1 ZFdG können die Behörden des Zollfahndungsdienstes (hier nach § 1 Abs. 1 ZFdG das zuständige Zollfahndungsamt) im Zuständigkeitsbereich der Zollverwaltung, wozu gemäß § 24 Abs. 2 ZFdG unter anderem auch die Verhütung von Straftaten gehört, eine Sache sicherstellen, um eine gegenwärtige Gefahr abzuwehren.
2. Dass auch Bargeld (Banknoten, Münzen) als bewegliche Sache bei Vorliegen der tatbestandlichen Voraussetzungen präventiv sichergestellt werden kann, ist in der verwaltungsgerichtlichen Rechtsprechung anerkannt.
3. Die Sicherstellung von Bargeld zur Abwehr einer gegenwärtigen Gefahr kommt insbesondere auch dann in Betracht, wenn das Bargeld zur Begehung von Straftaten verwendet werden soll.
4. Letzteres bedingt eine entsprechend abgesicherte Gefahrenprognose.
5. Diese Gefahrenprognose wird nicht dadurch ernsthaft erschüttert oder gar widerlegt, dass das strafrechtliche Ermittlungsverfahren gegen K. A. und S. A. wegen Geldwäsche (§ 261 Abs. 1 StGB) inzwischen eingestellt und die strafprozessuale Beschlagnahme aufgehoben worden ist.

6. Anhaltspunkte dafür, dass die Sicherstellung des Geldes unverhältnismäßig oder sonst ermessensfehlerhaft (s. § 40 VwVfG) wäre, sind weder vorgetragen noch sonst ersichtlich.
7. Dieser Beschluss ist unanfechtbar (§ 152 Abs. 1 VwGO).

Zur Antrags- und Klagebefugnis des (behaupteten) Eigentümers von präventiv sichergestelltem Bargeld, der nicht Adressat der angefochtenen Sicherstellungsverfügung ist. Sicherstellung von Bargeld; Antrags- und Klagebefugnis des Nichtadressaten – hier (behaupteter) Eigentümer des bei Dritten sichergestellten Geldes; Verwendung des Bargeldes zur Begehung von Betäubungsmittelstraftaten; Hinreichend konkrete und nachvollziehbare tatsächliche Anhaltspunkte; Überwiegendes Interesse an der sofortigen Vollziehung einer rechtmäßigen Sicherstellungsverfügung Prozesskostenhilfe; hinreichende Erfolgsaussichten der Rechtsverfolgung; Eigentumsfreiheit; unmittelbare und nicht bloß faktische Betroffenheit; Anwendungsvorrang des einfachen Rechts; Abwehr einer gegenwärtigen Gefahr; Gefahrenprognose[10]

Tenor

I.

Die Verfahren 10 CS 15.1435 und 10 C 15.1434 werden zur gemeinsamen Entscheidung verbunden.

II.

Die Beschwerden werden zurückgewiesen.

III.

Der Antragsteller und Kläger trägt die Kosten der Beschwerdeverfahren.

IV.

Der Streitwert für das Beschwerdeverfahren 10 CS 15.1435 wird auf 29.975 Euro festgesetzt.

V.

Der Antrag auf Bewilligung von Prozesskostenhilfe und Beiordnung eines Rechtsanwalts für das Beschwerdeverfahren 10 CS 15.1435 wird abgelehnt.

---

[10] »https://openjur.de/u/863978.html«

25

Gründe

I.

1 Der Antragsteller und Kläger (im Folgenden: Antragsteller) verfolgt mit seinen Beschwerden seine in erster Instanz erfolglosen Anträge auf Wiederherstellung der aufschiebenden Wirkung seines Widerspruchs (und seiner Klage) gegen die Sicherstellungsverfügungen der Antragsgegnerin vom 2. Februar 2015 und Anordnung der Herausgabe des sichergestellten Geldbetrags an den Antragsteller sowie auf Bewilligung von Prozesskostenhilfe und Beiordnung eines Rechtsanwalts für das diese Sicherstellung betreffende Eil- und Klageverfahren weiter.

2 Im Rahmen einer Schleierfahndung wurde das aus der Tschechischen Republik in die Bundesrepublik Deutschland kommende Fahrzeug mit Herrn S. A. als Fahrer und seinem Bruder, Herrn K. A., als Beifahrer einer polizeilichen Kontrolle unterzogen. Nachdem ein bei beiden Fahrzeuginsassen durchgeführter Drogenwischtest positiv auf Metamphetamin/Amphetamin verlaufen war, wurde das Fahrzeug mit den Insassen zur Polizeiinspektion W. verbracht und durchsucht. Bei der Durchsuchung des Fahrzeugs wurde hinter der Verkleidung unterhalb des Handschuhfaches ein Geldbetrag in Höhe von 59.950 Euro gefunden. Bei der vom Zollfahndungsamt durchgeführten Befragung machten die Fahrzeuginsassen zur Herkunft des Geldes und den Eigentumsverhältnissen widersprüchliche Angaben. Das daraufhin gegen K. A. und S. A. eingeleitete Ermittlungsverfahren wegen des Verdachts der Geldwäsche wurde inzwischen mit Verfügung der Staatsanwaltschaft gemäß § 170 Abs. 2 StPO eingestellt. Die auf Anordnung des Zollfahndungsamtes gemäß §§ 94, 98 Abs. 2, 111b, 111c, 111e Abs. 2 StPO erfolgte Beschlagnahme des Bargelds in Höhe von 59.950 Euro wurde mit Verfügung der Staatsanwaltschaft vom 29. Januar 2015 aufgehoben. Auch der diese Beschlagnahme bestätigende Beschluss des Amtsgerichts W. wurde aufgehoben, weil die bisher durchgeführten Ermittlungen nicht hätten belegen können, dass das bei der polizeilichen Kontrolle aufgefundene Bargeld aus einer rechtswidrigen Vortat im Sinne des § 261 Abs. 1 Satz 2 StGB herrühre.

3 Bei seiner am 10. November 2014 im strafrechtlichen Ermittlungsverfahren gegen K. A. und S. A. durchgeführten Vernehmung als Zeuge gab der Antragsteller unter Vorlage eines Erbscheins und eines notariellen Kaufvertrags über eine Eigentumswohnung vom 28.

August 2014 an, dass er einen Kaufpreisanteil in Höhe von 72.000 Euro aus dem Verkauf der geerbten Eigentumswohnung zusammen mit seinem langjährigen Bekannten Herrn K. A. bei der Bank abgeholt und das Geld K. A. zur Aufbewahrung und zum Wechseln der 500-Euro-Banknoten übergeben habe.

4 Mit gegenüber Herrn K. A. und S. A. ergangenen gleichlautenden Verfügungen jeweils vom 2. Februar 2015 stellte das Zollfahndungsamt M. das bei diesen festgestellte Bargeld in Höhe von 59.950 Euro gemäß § 32b Zollfahndungsdienstgesetz (ZFdG) zur Abwehr einer gegenwärtigen Gefahr sicher und ordnete gleichzeitig die sofortige Vollziehung der Sicherstellungsverfügung gemäß § 80 Abs. 2 Satz 1 Nr. 4 VwGO an. Zur Begründung wurde im Wesentlichen ausgeführt, es bestehe die unmittelbar bevorstehende Gefahr, dass das Vorhaben, mit dem Geld in der Tschechischen Republik Betäubungsmittel zu erwerben, umgesetzt und somit die Begehung einer Straftat ermöglicht werde. Diese Prognose beruhe auf den widersprüchlichen Angaben der Beschuldigten K. A. und S. A., dem bei den beiden durchgeführten positiven Drogenwischtest, den polizeilichen Erkenntnissen beim versuchten Wechseln einer falschen 500-Euro-Banknote durch K. A. und den Antragsteller im September 2014, als bei einer körperlichen Durchsuchung in der Hosentasche des Antragstellers ein Tütchen mit Crystal gefunden worden sei, sowie den polizeilichen Erkenntnissen bezüglich K. A. und des Antragstellers jeweils wegen Besitzes bzw. Verstoßes gegen das Betäubungsmittelgesetz. Das Zollfahndungsamt sei der Überzeugung, dass das versteckte Bargeld in die Tschechische Republik verbracht worden sei, um es dem möglichen tschechischen Lieferanten der Betäubungsmittel zu zeigen (sogenanntes Vorzeigegeld) und um ein konkretes Geschäft bezüglich der Lieferung von Rauschgift zu verabreden.

5 Den gegen diese Sicherstellungsverfügungen am 2. März 2015 beim Zollfahndungsamt M. eingelegten Widerspruch des Antragstellers wies das Zollkriminalamt mit Widerspruchsbescheid vom 7. April 2015 zurück, weil der Widerspruch mangels Widerspruchsbefugnis des Antragstellers entsprechend § 42 Abs. 2 VwGO unzulässig sei.

6 Den Eilantrag nach § 80 Abs. 5 Satz 1 VwGO, die aufschiebende Wirkung des Widerspruchs des Antragstellers und einer nachfolgenden Anfechtungsklage, die am 11. Mai 2015 beim Verwaltungsgericht eingelegt worden ist, gegen die Sicherstellungsverfügungen der Antragsgegnerin vom 2. Februar 2015 wiederherzustellen sowie an-

zuordnen, dass die Antragsgegnerin den sichergestellten Geldbetrag an den Antragsteller herauszugeben habe, hat das Verwaltungsgericht mit Beschluss vom 8. Juni 2015 ebenso abgelehnt wie die Anträge des Antragstellers auf Bewilligung von Prozesskostenhilfe für das Eil- und das Klageverfahren. Es bestünden bereits erhebliche Zweifel des Gerichts an der erforderlichen Antragsbefugnis des Antragstellers gemäß § 42 Abs. 2 VwGO analog. Als Nichtadressat des Sicherstellungsverfügungen vom 2. Februar 2015 könne sich der Antragsteller weder auf eine ihn schützende Norm des einfachen Rechts, insbesondere nicht § 32b Abs. 1 ZFdG, noch auf eine mögliche Verletzung von Art. 14 Abs. 1 GG berufen. Denn insoweit seien der Anwendungsvorrang des einfachen Rechts und die vom Gesetzgeber in § 32b ZFdG in Verbindung mit §§ 48 bis 50 Bundespolizeigesetz vorgenommene Inhaltsbestimmung des Eigentums zu beachten. Zivilrechtliche Ansprüche gegen den, bei dem die Sache sichergestellt worden sei, blieben unberührt und müssten einer Entscheidung des Zivilgerichts vorbehalten bleiben. Ungeachtet dessen sei der Antrag des Antragstellers aber jedenfalls unbegründet. Denn nach summarischer Prüfung der Sach- und Rechtslage seien die Sicherstellungsbescheide der Antragsgegnerin rechtmäßig. Die präventive Sicherstellung einer Sache nach § 32b ZFdG sei auch dann möglich, wenn sich die Gefahr aus der beabsichtigten rechtswidrigen Verwendung der Sache, konkret der Vorbereitung oder Förderung von Straftaten mit dem Geld, ergebe. Eine solche konkrete gegenwärtige Gefahr, K. A. und S. A. würden das beschlagnahmte Geld im Fall einer Herausgabe unmittelbar zur Begehung von Straftaten nach dem Betäubungsmittelgesetz verwenden, habe die Antragsgegnerin zu Recht angenommen. Das in einem Versteck unter dem Handschuhfach aufgefundene Geld, die für die Drogenszene typische Stückelung der Geldscheine (überwiegend 50-Euro-Noten), die positiv verlaufenen Drogenwischtests, die polizeilichen Erkenntnisse aus früheren Ermittlungen zu einschlägigen Delikten bei K. A. und dessen Freundin sowie die widersprüchlichen und unglaubhaften Begründungen zur Herkunft und zum Aufbewahrungszweck des Geldes im Auto begründeten hinreichend konkrete Anhaltspunkte dafür, dass das Geld zum Zweck des Betäubungsmittelhandels eingesetzt werden sollte und – bei Herausgabe des Geldes an die Gewahrsamsinhaber – unmittelbar wieder zur Begehung von Straftaten nach dem Betäubungsmittelgesetz eingesetzt würde. Demgemäß blieben auch die Anträge auf Bewilligung von Prozesskostenhilfe für das Eil- und das Klageverfahren ohne Erfolg.

7   Die gegen den Beschluss des Verwaltungsgerichts eingelegte Beschwerde des Antragstellers wird im Wesentlichen damit begründet,

dass die Antragsbefugnis des Antragstellers gemäß § 42 Abs. 2 VwGO bestehe, weil er einen Eingriff in sein Grundrecht auf Eigentum aus Art. 14 Abs. 1 Satz 1 GG geltend machen könne. Dies habe der Bayerische Verwaltungsgerichtshof in einem gleich gelagerten Fall bereits entschieden. Das strafrechtliche Ermittlungsverfahren gegen K. A. und S. A. sei inzwischen nach § 170 Abs. 2 StPO eingestellt, die strafprozessuale Beschlagnahme mit Verfügung der Staatsanwaltschaft vom 29. Januar 2015 und Beschluss des Amtsgerichts W. vom 3. Februar 2015 aufgehoben worden. Nach den diesen Entscheidungen zugrunde liegenden Feststellungen bestünden gerade keine hinreichenden Anhaltspunkte dafür, dass mit dem Geld Straftaten vorbereitet oder gefördert werden sollten. Entgegen der Auffassung des Verwaltungsgerichts bestehe also keine gegenwärtige Gefahr der kriminellen Verwendung dieses Geldes. Daher sei das Geld an den Antragsteller, der sein Eigentum am Geld nachgewiesen habe, im Wege des Folgenbeseitigungsanspruchs herauszugeben. Somit seien auch die für die Gewährung von Prozesskostenhilfe für beide Instanzen erforderlichen Erfolgsaussichten der beabsichtigten Rechtsverfolgung gegeben.

8   Die Antragsgegnerin ist der Beschwerde mit der Begründung entgegengetreten, der Antragsteller bestreite die Rechtmäßigkeit der Sicherstellung des Bargelds ohne Erfolg. Denn er verkenne, dass der Ausgang eines Strafverfahrens nicht präjudiziell für Entscheidungen anderer Behörden sei. Die Einstellung des staatsanwaltschaftlichen Ermittlungsverfahrens wegen des Verdachts der Geldwäsche indiziere daher nicht die Rechtswidrigkeit der angefochtenen Sicherstellung. Auch die Ausführungen zur Antragsbefugnis seien verfehlt. Insbesondere betreffe die vom Antragsteller herangezogene Entscheidung des Verwaltungsgerichtshofs (U.v. 1.12.2011 – 10 B 11.480) eine Rechtsgrundlage, die gerade auch dem Schutz privater Rechte zu dienen bestimmt sei. Letzteres sei bei § 32b Abs. 1 ZFdG aber nicht der Fall.

9   Ergänzend wird auf die Gerichtsakten beider Instanzen sowie die vorgelegte Behördenakte Bezug genommen.

II.

10   Über die Streitsachen 10 CS 15.1435 und 10 C 15.1434 wird nach ihrer Verbindung gemäß § 93 Satz 1 VwGO gemeinsam entschieden.
11   Die zulässigen Beschwerden des Antragstellers gegen die Ablehnung seines Antrags auf Bewilligung von Prozesskostenhilfe und Beiord-

nung eines Rechtsanwalts für das die streitbefangene Sicherstellung betreffende Eil- (M 7 S 15.1151) und Klageverfahren (M 7 K 15.1868) – Verfahren 10 C 15.1434 (1.) – und gegen die Ablehnung des Antrags nach § 80 Abs. 5 Satz 1 VwGO auf Wiederherstellung der aufschiebenden Wirkung seines Widerspruchs (und seiner Klage) gegen die Sicherstellungsverfügungen der Antragsgegnerin vom 2. Februar 2015 sowie auf Anordnung der Herausgabe des sicherge-stellten Geldbetrags nach § 80 Abs. 5 Satz 3 VwGO (Verfahren 10 CS 15.1435; 2.) sind unbegründet. Deshalb ist auch der Antrag des Antragstellers, ihm für das Beschwerdeverfahren 10 CS 15.1435 nach § 166 Abs. 1 Satz 1 VwGO in Verbindung mit § 114 Abs. 1 Satz 1, § 121 Abs. 1 ZPO Prozesskostenhilfe zu bewilligen und die von ihm bevollmächtigte Rechtsanwältin beizuordnen, abzulehnen.

12   1. Die Voraussetzungen für die Bewilligung von Prozesskostenhilfe und Beiordnung eines Rechtsanwalts für das die streitbefangene Si-cherstellung betreffende Eil- (M 7 S 15.1151) und Klageverfahren (M 7 K 15.1868) liegen nicht vor, weil die Rechtsverfolgung sowohl im einstweiligen Rechtsschutz- als auch im Hauptsacheverfahren (Anfechtungsklage des Antragstellers nach § 42 Abs. 1 1. Alt. VwGO) zum für die Beurteilung der Sach- und Rechtslage maßgeb-lichen Zeitpunkt der Bewilligungs- oder Entscheidungsreife des Pro-zesskostenhilfeantrags (stRspr; vgl. z.B. BayVGH, B.v. 10.8.2015 – 10 C 14.2181 – Rn. 2) keine hinreichende Aussicht auf Erfolg bietet. Denn unabhängig davon, ob das vorläufige Rechtsschutzbegehren (Antrag nach § 80 Abs. 5 Satz 1 VwGO) und die nachfolgende An-fechtungsklage des Antragstellers mangels Antragsbefugnis (§ 42 Abs. 2 VwGO analog; vgl. Schmidt in Eyermann, VwGO, Kommen-tar, 14. Aufl. 2014, § 80 Rn. 59 m.w.N.) und Klagebefugnis (§ 42 Abs. 2 VwGO) bereits unzulässig sind (1.1.), sind der Antrag und die Klage jedenfalls unbegründet (1.2.). Denn die streitbefangenen Si-cherstellungsverfügungen der Antragsgegnerin jeweils vom 2. Feb-ruar 2015 sind rechtmäßig und verletzen den Antragsteller nicht in seinen Rechten (§ 113 Abs. 1 Satz 1 VwGO; 1.2.1.). Demgemäß überwiegt hier auch das öffentliche Interesse an der sofortigen Voll-ziehung dieser Sicherstellungsverfügungen (vgl. Schmidt, a.a.O., § 80 Rn. 73 f.; 1.2.2.).

13   1.1. Auch wenn das Verwaltungsgericht auf der Grundlage seiner materiellen Prüfung und Rechtsauffassung letztlich offen lassen durf-te und auch offen gelassen hat, ob der Antragsteller entsprechend § 42 Abs. 2 VwGO geltend machen kann, durch die angefochtenen Si-cherstellungsverfügungen gegenüber deren Adressaten K. A. und S.

A. möglicherweise in seinen Rechten verletzt zu sein (zur erforderlichen Geltendmachung einer möglichen Verletzung eines subjektiven öffentlichen Rechts vgl. Happ in Eyermann, a.a.O., § 42 Rn. 82 ff.; Wahl in Schoch/Schneider/Bier, Verwaltungsgerichtsordnung, Kommentar, Stand: 28. EL 2015, Vorbem. § 42 Abs. 2 Rn. 42 f.), bedürfen die vom Verwaltungsgericht in der angegriffenen Entscheidung zur Begründung seiner erheblichen Zweifel an der Antragsbefugnis des Antragstellers angeführten Argumente folgender Anmerkungen:

14   Zutreffend ist im Ausgangspunkt, dass der Antragsteller, der nicht Adressat der von ihm angefochtenen (gegenüber K. A. und S. A. ergangenen) Sicherstellungsverfügungen jeweils vom 2. Februar 2015 war, nur dann antrags- und klagebefugt gemäß § 42 Abs. 2 VwGO (analog) ist, wenn er geltend machen kann, möglicherweise in seinen Grundrechten oder einer ihn schützenden einfachgesetzlichen Norm verletzt zu sein. Eine rein faktisch ermittelte „Betroffenheit" genügt insoweit nicht (vgl. Schmidt-Aßmann in Maunz/Dürig, Grundgesetz-Kommentar, Stand: 73. EL 2014, Art. 19 Abs. 4 Rn. 120).

15   Dem Verwaltungsgericht ist auch darin zuzustimmen, dass § 32b Abs. 1 ZFdG als Rechtsgrundlage der streitbefangenen Sicherstellungsverfügungen nach seinem Regelungsinhalt ausschließlich der Gefahrenabwehr und damit dem (primär) öffentlichen Interesse dient und ein darüber hinausgehender Schutzzweck zu Gunsten der Individualinteressen insbesondere des Eigentümers der Sache weder dem Wortlaut noch dem Sinn und Zweck der Vorschrift zu entnehmen ist.

16   Dass der Geltendmachung einer Verletzung des Grundrechts der Eigentumsfreiheit (Art. 14 Abs. 1 GG) durch den Antragsteller der Anwendungsvorrang des einfachen Rechts entgegensteht, wovon das Verwaltungsgericht unter Verweis auf Kommentarliteratur zur Bedeutung des § 42 Abs. 2 VwGO bei Verwaltungsakten mit Doppel- oder Drittwirkung (Happ in Eyermann, a.a.O., § 42 Rn. 90) wohl ausgeht, ist nach Auffassung des Senats zweifelhaft. Denn hier liegt schon nicht die einen Verwaltungsakt mit Doppel- oder Drittwirkung kennzeichnende Konstellation vor, dass der Verwaltungsakt eine oder mehrere Personen begünstigt und zugleich mindestens eine andere belastet (vgl. dazu Happ, a.a.O., § 42 Rn. 90 und Schmidt in Eyermann, a.a.O., § 80a Rn. 4; Kopp/Ramsauer, VwVfG, Kommentar, 15. Aufl. 2014, § 50 Rn. 13 ff.), sich also dabei zwei prinzipiell gleichberechtigte Private (im Baurecht der Bauherr und der Nachbar) im Horizontalverhältnis gegenüberstehen (vgl. Wahl/Schütz in

Schoch/Schneider/Bier, a.a.O., § 42 Abs. 2 Rn. 110). Treffen in einem derartigen Horizontalkonflikt von Privatpersonen zwei grundrechtlich geschützte Rechtspositionen aufeinander, so obliegt es dem einfachen Gesetzgeber, eine sachgerechte ausgleichende Lösung des Konflikts zu finden und Art und Umfang des (Dritt-)Schutzes zu bestimmen (Happ in Eyermann, a.a.O., § 42 Rn. 90). Letzteres begründet den vom Verwaltungsgericht hier angesprochenen Anwendungsvorrang des einfachen Rechts bei Drittklagen wie typischerweise im Baurecht. Vorliegend ist die Rechtsschutzsituation aber dadurch gekennzeichnet, dass durch die Sicherstellung, also die behördliche Inbesitznahme einer (fremden) Sache (hier: des Bargelds) und Begründung eines (neuen) amtlichen Gewahrsams (durch Verwahrung, s. § 32b Abs. 2 ZFdG in Verbindung mit § 48 BPolG) unter Ausschluss anderer Personen von der Einwirkungsmöglichkeit (vgl. Rachor in Lisken/Denninger, Handbuch des Polizeirechts, 5. Aufl. 2012, E Rn. 667 f.; Schenke, Polizei- und Ordnungsrecht, 8. Aufl. 2013, Rn. 158 m.w.N.) eine parallele Belastung einerseits der Adressaten der behördlichen Sicherstellungsanordnung (als den letzten Gewahrsamsinhabern) und andererseits des Antragstellers als dem (behaupteten) Eigentümer der Geldscheine erfolgt und der Antragsteller sich deshalb gegen die behördliche Belastung der Adressaten wendet (zu derartigen Fallkonstellationen vgl. Wahl/Schütz, a.a.O., Rn. 335 f.).

17 Es handelt sich insofern auch nicht nur um eine bloß faktisch ermittelte Betroffenheit (s. dazu oben), weil eine Sicherstellung – wie dargelegt – gerade den Ausschluss anderer Personen und damit zwangsläufig auch des Eigentümers (soweit dieser nicht ohnehin der von der Sicherstellung betroffene letzte Gewahrsamsinhaber ist) von der Einwirkungsmöglichkeit auf die in hoheitlicher Sachherrschaft befindliche Sache bezweckt. Es handelt sich damit gerade nicht um einen Nachteil oder eine Belastung, der bzw. die außerhalb des Erfolges liegt, den die Behörde mit dem Verwaltungsakt gemäß seinem Inhalt angestrebt hat (vgl. BVerwG, U.v. 9.8.1983 – 1 C 38/79, NVwZ 1984, 514/515 zur möglichen Verletzung von Grundrechten bei bloßen faktischen Auswirkungen hoheitlichen Handelns). Dafür spricht im Übrigen auch, dass der Gesetzgeber bei der Regelung der Sicherstellung, Verwahrung und Verwertung gemäß § 32b ZFdG in Verbindung mit §§ 48 bis 50 BPolG durchaus die Rechte des Eigentümers und anderer Personen, denen ein Recht an der Sache zusteht, in den Blick genommen und diesbezüglich z.B. verfahrensrechtliche Rechte und Pflichten normiert hat (s. § 32b Abs. 2 ZFdG in Verbindung mit § 48 Abs. 2 Satz 3, § 49 Abs. 2 BPolG).

18   Die Annahme des Verwaltungsgerichts, der Gesetzgeber habe durch dieses Normprogramm in Ausformung des Grundrechts der Eigentumsfreiheit (s. Art. 14 Abs. 1 Satz 2 und Abs. 2 GG) die dem Eigentümer im Zusammenhang mit einer Sicherstellung zustehenden Pflichten und Befugnisse bzw. subjektiven Rechte einfachgesetzlich abschließend geregelt, weshalb ein Rückgriff auf Art. 14 Abs. 1 GG als subjektives öffentliches Recht im Sinne von § 42 Abs. 2 VwGO bzw. Art. 19 Abs. 4 GG insoweit (wohl) nicht mehr in Betracht komme, begegnet ebenfalls rechtlichen Bedenken. Denn der vom Verwaltungsgericht in diesem Zusammenhang angeführte Herausgabeanspruch des Berechtigten (also auch des Eigentümers) nach § 32b Abs. 2 ZFdG in Verbindung mit § 50 Abs. 1 BPolG setzt das nachträgliche Rechtswidrigwerden der Sicherstellung voraus und betrifft insbesondere nicht den Fall, bei dem die Sicherstellung der Sache von Anfang an rechtswidrig war (vgl. Schenke in Schenke/ Graulich/Ruthig, Sicherheitsrecht des Bundes, Kommentar, § 50 BPolG Rn. 2 und 4). Dass sich der Eigentümer der sichergestellten Sache, der nicht der von der Sicherstellung betroffene letzte Gewahrsamsinhaber ist, insoweit nicht auf eine rechtswidrige Beeinträchtigung seines Grundrechts aus Art. 14 Abs. 1 GG berufen können soll, lässt sich (auch) daraus nicht überzeugend herleiten.

19   1.2. Unabhängig von der Frage der Antrags- und Klagebefugnis des Antragstellers ist das Verwaltungsgericht aber zu Recht zu dem Ergebnis gelangt, dass der Antrag auf Wiederherstellung der aufschiebenden Wirkung der Klage nach § 80 Abs. 5 Satz 1 VwGO und die gegen die Sicherstellungsverfügungen der Antragsgegnerin vom 2. Februar 2015 gerichtete Anfechtungsklage des Antragstellers nach § 42 Abs. 1 1. Alt. VwGO jedenfalls aus materiellen Gründen keinen Erfolg haben können.

20   1.2.1. Die streitbefangenen Sicherstellungsverfügungen der Antragsgegnerin jeweils vom 2. Februar 2015, auf die sich nach zutreffender Auslegung des Rechtsschutzbegehrens durch das Verwaltungsgericht gemäß § 122 Abs. 1 in Verbindung mit § 88 VwGO schon der Eilantrag des Antragstellers bezog, sind rechtmäßig und verletzen den Antragsteller nicht in seinen Rechten (§ 113 Abs. 1 Satz 1 VwGO).

21   Rechtsgrundlage für diese Anordnungen ist § 32b Abs. 1 ZFdG. Danach können die Behörden des Zollfahndungsdienstes (hier nach § 1 Abs. 1 ZFdG das zuständige Zollfahndungsamt) im Zuständigkeitsbereich der Zollverwaltung, wozu gemäß § 24 Abs. 2 ZFdG unter anderem auch die Verhütung von Straftaten gehört, eine Sache si-

cherstellen, um eine gegenwärtige Gefahr abzuwehren. Dass auch Bargeld (Banknoten, Münzen) als bewegliche Sache bei Vorliegen der tatbestandlichen Voraussetzungen präventiv sichergestellt werden kann, ist in der verwaltungsgerichtlichen Rechtsprechung anerkannt (vgl. z.B. BayVGH, B.v. 6.2.2014 – 10 CS 14.47 – juris Rn. 15 m.w.N.; OVG Bremen, U.v. 24.6.2014 – 1 A 255/12 – juris Ls. 1). Die Sicherstellung von Bargeld zur Abwehr einer gegenwärtigen Gefahr kommt insbesondere auch dann in Betracht, wenn das Bargeld zur Begehung von Straftaten verwendet werden soll, wobei sowohl die besondere zeitliche Nähe als auch ein besonders hoher Grad an Wahrscheinlichkeit des Schadenseintritts erforderlich ist. Letzteres bedingt, wovon das Verwaltungsgericht zutreffend ausgegangen ist, eine entsprechend abgesicherte Prognose, d.h. es müssen hinreichend konkrete und nachvollziehbare tatsächliche Anhaltspunkte (BayVGH, B.v. 19.11.2010 – 10 ZB 10.1707 – juris Rn. 19) dafür vorliegen, dass das Geld unmittelbar oder in allernächster Zeit zur Vorbereitung oder Begehung von Straftaten verwendet werden wird; ein bloßer Gefahrenverdacht oder bloße Vermutungen reichen dafür nicht; allerdings gilt ein mit zunehmendem Ausmaß des möglichen Schadens abgesenkter Grad der Wahrscheinlichkeit des Schadenseintritts (vgl. z.B. OVG Bremen, U.v. 24.6.2014 – 1 A 255/12 – juris Rn. 25; NdsOVG, U.v. 7.3.2013 – 11 LB 438/10 – juris Rn. 36).

22 Ausgehend davon haben die Antragsgegnerin und – deren Prognose nachvollziehend – das Verwaltungsgericht mit zutreffender Begründung die gegenwärtige Gefahr angenommen, dass das sichergestellte Geld im Fall einer Herausgabe unmittelbar zur Begehung von Straftaten nach dem Betäubungsmittelgesetz (hier: Erwerb von Betäubungsmitteln) verwendet werden wird. Als hinreichend konkrete und nachvollziehbare tatsächliche Anhaltspunkte für diese Gefahrenprognose durften dabei ohne Rechtsfehler insbesondere der hohe und im kontrollierten Pkw hinter der Verkleidung unter dem Handschuhfach versteckte Geldbetrag, die drogenszenetypische Stückelung der Geldscheine (im Wesentlichen in 50-Euro-Scheine), der bei beiden Fahrzeuginsassen durchgeführte positive Drogenwischtest auf Metamphetamin/Amphetamin, die widersprüchlichen und nicht plausiblen Angaben sowohl von K. A. und S. A. (Fahrzeuginsassen) als auch von dem als Zeugen vernommenen Antragsteller zur Herkunft, zur Stückelung des Geldbetrags, zum Aufbewahrungsort im Fahrzeug und zum beabsichtigten Verwendungszweck des Geldes, vor allem aber auch die vielfachen Erkenntnisse aus strafrechtlichen Ermittlungen gegen K. A., dessen Freundin D. N. und den Antragsteller wegen Betäubungsmitteldelikten (auch Metamphetamin/ Ampheta-

min) gewertet werden. Die auf kriminalistischer Erfahrung beruhende Einschätzung bzw. Bewertung des Zollfahndungsamtes, das sichergestellte Bargeld sei in die Tschechische Republik verbracht worden, um es dem möglichen tschechischen Lieferanten der Betäubungsmittel zu zeigen (sog. Vorzeigegeld) und um eine konkrete Rauschgiftlieferung zu verabreden sowie auf diese Weise das Risiko des Rauschgifttransports mit dem eigenen Fahrzeug zu minimieren, ist nach alledem besonders naheliegend.

23 Diese Gefahrenprognose wird entgegen dem Beschwerdevorbringen des Antragstellers nicht dadurch ernsthaft erschüttert oder gar widerlegt, dass das strafrechtliche Ermittlungsverfahren gegen K. A. und S. A. wegen Geldwäsche (§ 261 Abs. 1 StGB) inzwischen nach § 170 Abs. 2 StPO eingestellt und die strafprozessuale Beschlagnahme bereits mit Verfügung der Staatsanwaltschaft vom 29. Januar 2015 und Beschluss des Amtsgerichts W. vom 3. Februar 2015 aufgehoben worden ist. Denn in diesen Entscheidungen wird lediglich festgestellt, dass die durchgeführten Ermittlungen nicht belegen konnten, dass das aufgefundene und sichergestellte Geld aus einer rechtswidrigen Vortat im Sinne des § 261 Abs. 1 Satz 2 StGB herrührt. Auch wenn man dies als gegen eine Herkunft des Geldbetrages aus dem Drogenhandel sprechendes Indiz wertete, verbleiben die oben dargelegten zahlreichen, hinreichend konkreten und nachvollziehbaren tatsächlichen Anhaltspunkte für die Annahme einer gegenwärtigen Gefahr der Verwendung des Geldes im Fall seiner Herausgabe zur Begehung von Straftaten nach dem Betäubungsmittelgesetz. Die Antragsgegnerin hat das Bargeld nämlich nicht etwa aufgrund dessen ungeklärter Herkunft (möglicherweise aus Betäubungsmittelstraftaten), sondern vielmehr präventiv zur Abwehr der dargelegten gegenwärtigen Gefahr sichergestellt.

24 Anhaltspunkte dafür, dass die Sicherstellung des Geldes unverhältnismäßig oder sonst ermessensfehlerhaft (s. § 40 VwVfG) wäre, sind weder vorgetragen noch sonst ersichtlich.

25 1.2.2. Lässt sich aber nach alledem feststellen, dass die vom Antragsteller angefochtene Sicherstellung des Geldes rechtmäßig ist und den Antragsteller nicht in seinen Rechten verletzt (§ 113 Abs. 1 Satz 1 VwGO), überwiegt auch das öffentliche Interesse an der sofortigen Vollziehung dieser Sicherstellungsverfügungen (vgl. Schmidt, a.a.O., § 80 Rn. 73 f.). Selbst wenn man im gerichtlichen Verfahren trotz Rechtmäßigkeit des zu vollziehenden Verwaltungsakts zusätzlich die Eilbedürftigkeit oder Dringlichkeit der Vollziehung forderte (vgl. da-

zu Schmidt, a.a.O., § 80 Rn. 74 m.w.N. und den gegen diese Auffassung sprechenden Argumenten), ergäbe sich die Dringlichkeit hier schon aus dem Zweck der Maßnahme, nämlich der Abwehr einer gegenwärtigen Gefahr der Verwendung des Geldes zur Begehung von Betäubungsmittelstraftaten.

26   2. Auch die Beschwerde gegen die Ablehnung des Antrags, die aufschiebende Wirkung des Widerspruchs (und der Klage) gegen die Sicherstellungsverfügungen der Antragsgegnerin vom 2. Februar 2015 nach § 80 Abs. 5 Satz 1 VwGO wiederherzustellen und die Herausgabe des sichergestellten Geldbetrags an den Antragsteller nach § 80 Abs. 5 Satz 3 VwGO anzuordnen (Verfahren 10 CS 15.1435) ist unbegründet. Die in der Beschwerdebegründung dargelegten Gründe, die der Verwaltungsgerichtshof nach § 146 Abs. 4 Satz 6 VwGO allein zu prüfen hat, rechtfertigen nicht die Aufhebung oder Abänderung des angefochtenen Beschlusses des Verwaltungsgerichts vom 8. Juni 2015. Denn wie unter 1.2. auch unter Berücksichtigung der in der Beschwerde dargelegten Gründe ausgeführt, überwiegt das öffentliche Interesse an der sofortigen Vollziehung der rechtmäßigen Sicherstellungsverfügungen das private Interesse des Antragstellers an der Wiederherstellung der aufschiebenden Wirkung seiner gegen diese Verfügungen gerichteten Rechtsbehelfe.

27   3. Bietet aber die beabsichtigte Rechtsverfolgung im Beschwerdeverfahren 10 CS 15.1435 aus den dargelegten Gründen keine hinreichende Aussicht auf Erfolg, ist auch der Antrag des Antragstellers, ihm für dieses Beschwerdeverfahren nach § 166 Abs. 1 Satz 1 VwGO in Verbindung mit § 114 Abs. 1 Satz 1, § 121 Abs. 1 ZPO Prozesskostenhilfe zu bewilligen und die von ihm bevollmächtigte Rechtsanwältin beizuordnen, abzulehnen.

28   Die Kostenentscheidung für die Beschwerdeverfahren folgt aus § 154 Abs. 2 VwGO. Einer Kostenentscheidung hinsichtlich des Prozesskostenhilfeverfahrens bedarf es nicht. Weder fallen insoweit Gerichtskosten an, noch können dem Gegner entstandene Kosten erstattet werden (§ 166 Abs. 1 Satz 1 VwGO in Verbindung mit § 118 Abs. 1 Satz 4 ZPO).

29   Die Streitwertfestsetzung für das Beschwerdeverfahren 10 CS 15.1435 beruht auf § 63 Abs. 2 Satz 1, § 47 Abs. 1, § 53 Abs. 2 Nr. 2, § 52 Abs. 2 GKG.

30   Einer Streitwertfestsetzung für das Beschwerdeverfahren 10 C
      15.1434 bedarf es nicht, weil nach Nr. 5502 des Kostenverzeichnis-
      ses zum Gerichtskostengesetz (Anlage 1 zu § 3 Abs. 2 GKG) eine
      streitwertunabhängige Gebühr anfällt.

31   Da Gerichtskosten hinsichtlich des Prozesskostenhilfeverfahrens
      nicht erhoben werden, bedarf es einer Streitwertfestsetzung auch in-
      soweit nicht.

32   Dieser Beschluss ist unanfechtbar (§ 152 Abs. 1 VwGO).

Quelle: Bayern.Recht   –   Bayerische   Staatskanzlei,   URL:
http://www.gesetze-bayern.de/Content/Document/Y-300-Z-BECKRS-B-
2015-N-52659?hl=true

M 7 S 15.2626

Verwaltungsgericht München
Beschluss vom 03.11.2015 (rechtskräftig)

Sicherstellung von 79.510,00 € Bargeld durch eine Zollbehörde („Verwenden zur Begehung oder Förderung von Straftaten")

Titel:
Präventive Sicherstellung einer Sache

Normenketten:
BPolG §§ 48 - 50
GKG § 52 Abs. 1
Nds. SOG § 26 Nr. 1
RDGEG § 3, § 5
StPO § 170 Abs. 2
VwGO § 67 Abs. 2 S. 1, Abs. 4 S. 4 u. 7, § 80 Abs. 2 S. 1 Nr. 4, § 80 Abs. 3 S. 1, § 80 Abs. 5, § 117 Abs. 5, § 154 Abs. 1
ZFdG § 32b
ZollVG § 12a

Schlagworte:
Ermessensentscheidung, Haftbefehl, Hohlraum, Innenraum, Karton, Untersuchungshaft, Zollkriminalamt, Übergabe, Schwager, Schachtel, Pkw, Freiheitsstrafe, Gefahrenprognose, Befragung[11]

Leitsätze (des Autors)

1. Der Antrag nach § 80 Abs. 5 VwGO hat keinen Erfolg.
2. Gemäß § 80 Abs. 5 VwGO kann das Gericht der Hauptsache auf Antrag die aufschiebende Wirkung des Widerspruchs im Fall des hier einschlägigen § 80 Abs. 2 Satz 1 Nr. 4 VwGO ganz oder teilweise wiederherstellen.
3. Nach der im einstweiligen Rechtsschutzverfahren gebotenen summarischen Prüfung der Sach- und Rechtslage ist der Sicherstellungsbescheid der Antragsgegnerin vom 27. März 2015 in der Gestalt des Widerspruchsbescheides vom 22. Mai 2015 rechtmäßig.

---

[11] »http://www.gesetze-bayern.de/Content/Document/Y-300-Z-BECKRS-B-2016-N-53042?hl=true«

4. Gemäß § 32b Abs. 1 ZFdG können die Behörden des Zollfahndungsdienstes im Zuständigkeitsbereich der Zollverwaltung eine Sache sicherstellen, um eine gegenwärtige Gefahr abzuwehren. Die §§ 48 - 50 des Bundespolizeigesetzes (BPolG) gelten entsprechend (§ 32b Abs. 2 ZFdG).

5. Die präventive Sicherstellung einer Sache ist auch dann möglich, wenn die Gefahr nicht von der Sache ausgeht, sondern die Sache Gegenstand eines die Gefahr begründenden Verhaltens des Besitzers ist.

6. Die „gegenwärtige" Gefahr erfordert eine besondere zeitliche Nähe und einen besonders hohen Grad an Wahrscheinlichkeit des Schadenseintritts.

7. Ausgehend von diesen Voraussetzungen ist in der Rechtsprechung anerkannt, dass Geldbeträge, die zur Begehung von Straftaten, insbesondere Rauschgiftgeschäften verwandt werden sollen, aus präventivpolizeilichen Gründen sichergestellt werden können.

8. Unter Berücksichtigung dieser Vorgaben hat die Antragsgegnerin zu Recht angenommen, es bestehe die gegenwärtige Gefahr, der Antragsteller werde das sichergestellte Geld im Fall einer Herausgabe unmittelbar zur Begehung von Straftaten nach dem Betäubungsmittelgesetz verwenden bzw. dazu beitragen.

9. Die Begründung der Anordnung der sofortigen Vollziehung genügt den Anforderungen des § 80 Abs. 3 Satz 1 VwGO.

Tenor

I.

Der Antrag wird abgelehnt.

II.

Der Antragsteller trägt die Kosten des Verfahrens.

III.

Der Streitwert wird auf 39.755,-- EUR festgesetzt.

Gründe

I.

Der Antragsteller wendet sich im einstweiligen Rechtsschutzverfahren gegen die Sicherstellung des bei ihm aufgefundenen Bargeldes in Höhe von 79.510,-- EUR.

Am 18. November 2006 wurde der Antragsteller, ungarischer Staatsangehöriger, geboren ..., der auf der BAB 3 mit dem Wohnmobil von M. T. („Schwager" des Antragstellers) mit belgischer Zulassung unterwegs war, einer zollamtlichen Überprüfung unterzogen. Auf Frage nach mitgeführtem Bargeld meldete er schriftlich 785,-- EUR und 23.500,-- HUF an. Da das Wohnmobil auffallend leer war, überprüften die Beamten den Antragsteller und das Fahrzeug gründlicher. Ein an den Händen des Antragstellers durchgeführter Drugwipe-Test verlief auf Opiate positiv. Der eingesetzte Rauschgiftspürhund schlug im Innenraum des Wohnmobils an und es wurde ein Hohlraum zwischen dem Dach der Fahrerkabine und dem darüber liegenden Bett festgestellt. Ein dort durchgeführter Drugwipe-Test auf Opiate war ebenfalls positiv. In einem zwischen Fahrer- und Beifahrersitz angebrachten verschlossenen Holzkasten befanden sich zwei Briefumschläge und ein Handy-Karton mit insgesamt 79.510,-- EUR. Es handelte sich vorwiegend um 50- und 100-Euro-Scheine. Bei der anschließend durchgeführten Befragung gab der Antragsteller an, dass er auf dem Weg nach Belgien sei, um seinem Schwager, der dort ein Haus besitze, bei Renovierungsarbeiten zu helfen. Von dem Geld, das im Wohnmobil gefunden worden sei, wisse er nichts. Wahrscheinlich gehöre es seinem Schwager, der Schulden bei der Bank habe. Bei seiner förmlichen Vernehmung am selben Tag gab er an, dass er das Geld in Passau an einer Tankstelle von einer unbekannten männlichen Person erhalten habe. Ein Mann namens „..." habe ihn in einer Kneipe in Ungarn angesprochen und ihn gefragt, ob er gegen Entgelt in Passau etwas entgegennehmen und dies dann nach Aachen fahren würde. „..." habe ihm telefonisch gesagt, wo er die Sache entgegennehmen sollte. Er habe in die übergebenen Umschläge und die Schachtel hineingeschaut und ihm sei schon der Gedanke gekommen, dass das Geld nicht aus legaler Quelle stamme.
Weitere Ermittlungen der Zollbehörden ergaben folgende Erkenntnisse:
M. T. ist mit der Schwester des Antragstellers nicht verheiratet, er lebt aber mit ihr - teilweise in Belgien, teilweise in Ungarn - zusammen. Wegen Übergabe einer Menge von 12 kg Heroin an zwei Personen in Zürich im April 2001 wurde er durch die Schweizer Behörden mit Haftbefehl international gesucht. M. T. war damals mit einem Fiat Multipla mit niederländischem Kennzeichen unterwegs. Er wurde am 16. Januar 2003 von Ungarn an die Schweiz ausgeliefert, bis 2011 bestand für ihn eine Einreisesperre in die Schweiz. Der Antragsteller wurde am 11. Januar 2007 am Grenzübergang von Serbien nach Ungarn, unterwegs mit dem Pkw Fiat Multipla, wegen Drogenmissbrauchs festgenommen. Bei der zollrechtlichen Überprüfung wurde u. a. Heroin mit einem Nettogewicht von 7817,85 g gefunden. Der Antragsteller wurde deshalb in Untersuchungshaft genommen und am 27. Mai 2009 rechtskräftig wegen Betäubungsmittelmissbrauchs zu einer Freiheitsstrafe von 5 Jahren verurteilt. Ein Teil der Geldscheine wurde auf

Anhaftung von Stoffen im Sinne des Betäubungsmittelgesetzes untersucht und dabei festgestellt, dass die Asservatproben teilweise signifikant belastet waren, da die Kokainanhaftungen an diesen Geldscheinen ein vielfaches der Belastung unverdächtiger Vergleichsproben betrug. Weiter wurde an zwei Asservatproben Heroin nachgewiesen.

Das Bargeld wurde zunächst für strafrechtliche Zwecke beschlagnahmt. Im strafrechtlichen Verfahren trug der Antragsteller mit Schreiben vom 10. Mai 2011 vor, dass ihm seine Schwester das Geld in Ungarn gegeben habe, um es zu seinem Schwager nach Belgien zu bringen. Er habe es in den Safe in das Wohnmobil getan; er habe nicht gewusst, dass es verboten sei, Geld mitzunehmen. Das Geld sei für die Einlösung einer Hypothek bestimmt gewesen. Er habe der Dolmetscherin erklärt, woher er das Geld habe, die Beamten hätten das aber nicht glauben wollen. Unter Druck habe er Lügen erzählt. Nachdem das strafrechtliche Verfahren wegen Geldwäsche zunächst wegen Abwesenheit des Beschuldigten eingestellt war, wurde es mit Verfügung vom 19. März 2015 nach § 170 Abs. 2 StPO eingestellt. In den Gründen ist hierzu ausgeführt, dass die konkrete Herkunft des vom Beschuldigten mitgeführten Bargeldes im Rahmen der Ermittlungen nicht mit einer für die Anklageerhebung ausreichenden Sicherheit festgestellt werden konnte. Insbesondere habe auch nicht ausgeschlossen werden können, dass das vom Beschuldigten mitgeführte Geld erst für den Erwerb von Betäubungsmitteln verwendet werden sollte und es sich folglich um eine sog. Beschaffungsfahrt des Beschuldigten gehandelt habe. Unabhängig davon sei die zur Last gelegte Straftat jedoch zwischenzeitlich verjährt.

Nach Aufhebung der Beschlagnahme des Bargeldes wurde das Bargeld in Höhe von 79.510,-- EUR mit Bescheid vom 27. März 2015 gemäß § 32b Zollfahndungsdienstgesetz (ZFdG) sichergestellt, um eine gegenwärtige Gefahr abzuwehren, und die sofortige Vollziehung der Sicherstellungsverfügung angeordnet. Sollte dem Antragsteller das Bargeld wieder ausgehändigt werden, bestehe die unmittelbar bevorstehende Gefahr, dass das Bargeld an die Tätergruppierung, die im dringenden Verdacht des unerlaubten Handeltreibens von Betäubungsmitteln in nicht geringer Menge stehe, ausgehändigt und mit an Sicherheit grenzender Wahrscheinlichkeit das Geld für die Begehung weiterer Rauschgiftgeschäfte verwendet werde. Für diese Annahme spreche alleine schon das Nicht-Anmelden des mitgeführten, versteckten Geldes, die Auffindesituation des Geldes, das Ergebnis der Untersuchung der Geldscheine mit signifikanten Anhaftungen von Betäubungsmitteln (Heroin, Kokain), die widersprüchlichen Angaben zur Herkunft des Geldes sowie der beim Antragsteller mit positivem Ergebnis durchgeführte Drugwipe-Drogentest. Das Bargeld habe in die Niederlande verbracht werden sollen, um damit eine Rechnung für eine zuvor getätigte Lieferung von Betäubungsmitteln zu begleichen oder aber neue Betäubungsmittel zu erwerben.

Am 30. März 2015 legte der Prozessbevollmächtigte des Antragstellers Widerspruch gegen den Bescheid vom 27. März 2015 ein. Mit Widerspruchsbescheid vom 22. Mai 2015 wurde der Widerspruch zurückgewiesen. Mit der Sicherstellung des Geldes sei eine gegenwärtige Gefahr abgewendet worden, die im Zeitpunkt des Erlasses der Verfügung bestanden habe und auch gegenwärtig vorliege. Es sei davon auszugehen, dass das Bargeld mit an Sicherheit grenzender Wahrscheinlichkeit aus rechtswidrigen Handelsgeschäften herrühre und im Falle einer Auszahlung erneut einer illegalen Verwendung im Rahmen der Abwicklung von Betäubungsmittelgeschäften zugeführt werden solle. Eine Störung der öffentlichen Sicherheit in Gestaltung der Verletzung einer Rechtsnorm liege schon darin, dass der Antragsteller die von ihm mitgeführten Gelder auf entsprechende Nachfrage der Kontrollbeamten nicht angezeigt habe und hierdurch § 12a Abs. 2 i. V. m. § 1 Abs. 3a Zollverwaltungsgesetz (ZollVG) verletzt habe. Für den Umstand, dass es sich bei dem streitgegenständlichen Bargeld um inkriminiertes handele, spreche die Tatsache, dass der Antragsteller hierfür bislang keinen ordnungsgemäßen Herkunftsnachweis erbracht habe, vgl. § 12a Abs. 2 ZollVG. Er habe widersprüchliche unglaubwürdige Erklärungen zur Herkunft des Geldes abgegeben. Auch liege mit Blick auf die Stückelung des Geldes ein Hinweis auf das Vorliegen sog. Drogengelder vor. Dies werde durch die Anhaftungen von Betäubungsmitteln an den sichergestellten Geldscheinen bestätigt. Weiter sei ein Drugwipe-Drogentest an den Händen des Antragstellers positiv auf Opiate gewesen. Auch in dem im Wohnmobil aufgefundenen Hohlraum sei ein durchgeführter Wischtest auf Opiate positiv ausgefallen. Gegen M. T., den Fahrzeughalter des Wohnmobils, sei wegen Betäubungsmittelhandels ermittelt worden. Der Antragsteller sei rechtskräftig wegen Betäubungsmittelmissbrauchs zu einer Freiheitsstrafe von 5 Jahren verurteilt worden. Es handele sich sowohl bei dem Antragsteller wie bei M. T., der zuletzt als wirtschaftlich Berechtigter des Geldes benannt werde, um Personen, die das in Rede stehende Bargeld unrechtmäßig erlangt hätten und aller Wahrscheinlichkeit nach im Falle einer Herausgabe für neue Straftaten im Rahmen des Betäubungsmittelhandels verwenden würden.

Am 22. Juni 2015 ließ der Antragsteller gegen den Bescheid der Antragsgegnerin vom 27. März 2015 in der Gestalt des Widerspruchsbescheides vom 22. Mai 2015 Klage erheben und beantragte gleichzeitig
die aufschiebende Wirkung der Klage anzuordnen.

Es wurde Akteneinsicht beantragt und eine Begründung der Klage und des Antrags nach Akteneinsicht in Aussicht gestellt. Eine Begründung von Klage bzw. Antrag erfolgte aber auch nach Akteneinsicht des Prozessbevollmächtigten nicht.

Die Antragsgegnerin beantragte mit Schreiben vom 21. August 2015,
den Antrag abzulehnen.

Das besondere Interesse an der sofortigen Vollziehung der Sicherstellungsverfügung sei ausreichend begründet. Weiter bestünden keine durchgreifenden rechtlichen Bedenken gegen die inhaltliche Regelung der Sicherstellungsverfügung vom 27. März 2015. Die Voraussetzungen des § 32b Abs. 1 ZFdG lägen vor. Mit der Antragserwiderung werden im Wesentlichen die Gründe des Widerspruchsbescheides wiederholt. Ergänzend wird auf die Gerichts- und Behördenakte Bezug genommen.

II.

Der Antrag nach § 80 Abs. 5 VwGO hat keinen Erfolg.

Gemäß § 80 Abs. 5 VwGO kann das Gericht der Hauptsache auf Antrag die aufschiebende Wirkung des Widerspruchs im Fall des hier einschlägigen § 80 Abs. 2 Satz 1 Nr. 4 VwGO ganz oder teilweise wiederherstellen. Das Gericht trifft dabei eine eigene Ermessensentscheidung. Es hat bei der Entscheidung über die Wiederherstellung der aufschiebenden Wirkung zwischen dem öffentlichen Interesse an der sofortigen Vollziehung des angefochtenen Bescheids und dem Interesse des Antragstellers an der aufschiebenden Wirkung seines Rechtsbehelfs abzuwägen. Bei dieser Abwägung sind die Erfolgsaussichten des Hauptsacheverfahrens zu berücksichtigen. Ergibt die im Rahmen des Verfahrens nach § 80 Abs. 5 VwGO allein erforderliche summarische Prüfung, dass der Rechtsbehelf voraussichtlich erfolglos sein wird, tritt das Interesse des Antragstellers regelmäßig zurück. Nach der im einstweiligen Rechtsschutzverfahren gebotenen summarischen Prüfung der Sach- und Rechtslage ist der Sicherstellungsbescheid der Antragsgegnerin vom 27. März 2015 in der Gestalt des Widerspruchsbescheides vom 22. Mai 2015 rechtmäßig, da die Voraussetzungen für die Sicherstellung zum Zeitpunkt des Widerspruchsbescheides als letzter Behördenentscheidung (vgl. OVG Bremen, U. v. 24.6.2014 - 1 A 255/12 - juris Rn. 25) vorliegen. Es liegen hinreichende Anhaltspunkte für die Annahme vor, es bestehe die gegenwärtige Gefahr, der Antragsteller werde das bei ihm sichergestellte Geld im Falle einer Herausgabe unmittelbar zur Begehung oder Förderung von Straftaten verwenden.

Gemäß § 32b Abs. 1 ZFdG können die Behörden des Zollfahndungsdienstes im Zuständigkeitsbereich der Zollverwaltung eine Sache sicherstellen, um eine gegenwärtige Gefahr abzuwehren. Die §§ 48 - 50 des Bundespolizeigesetzes (BPolG) gelten entsprechend (§ 32b Abs. 2 ZFdG).

Die präventive Sicherstellung einer Sache ist auch dann möglich, wenn die Gefahr nicht von der Sache ausgeht, sondern die Sache Gegenstand eines die Gefahr begründenden Verhaltens des Besitzers ist (vgl. BayVGH, B. v. 7.12.2009 - 10 ZB 09.1354 - ZfS 2010, 174; Schenke in Schenke/Graulich/Ruthig, BPolG, 2014, § 47 Rn. 9). Liegen hinreichende Anhaltspunkte dafür vor, dass mit Geld Straftaten vorbereitet oder gefördert werden sollen, kann das Geld sichergestellt werden (vgl. Schmid-bauer/Steiner, PAG, 3. Aufl., Art. 25 Rn. 12). Die Sicherstellung auf der Grundlage von § 32b ZFdG soll verhindern, dass mit Hilfe der tatsächlich oder vermutlich illegal erworbenen Werte neue Straftaten vorbereitet und begangen werden (vgl. OVG Lüneburg, U. v. 25.6.2015 - 11 LB 34/14 - juris Rn. 27 zu § 26 Nr. 1 Nds. SOG).

Eine konkrete Gefahr ist gegeben, wenn nach der allgemeinen Lebenser-fahrung aufgrund der konkreten Umstände des Einzelfalls mit hinreichen-der Wahrscheinlichkeit in der nächsten Zeit eine Störung der öffentlichen Sicherheit zu erwarten ist. Die Gefahr ist gegenwärtig, wenn die Einwir-kung des schädigenden Ereignisses bereits begonnen hat oder wenn diese Einwirkung unmittelbar oder in allernächster Zeit mit einer an Sicherheit grenzenden Wahrscheinlichkeit bevorsteht. Die „gegenwärtige" Gefahr er-fordert eine besondere zeitliche Nähe und einen besonders hohen Grad an Wahrscheinlichkeit des Schadenseintritts. Die Gefahrenprognose muss eine hohe Sicherheit aufweisen (vgl. OVG Bremen, U. v. 24.6.2014 - 1 A 255/12 - juris Rn. 25 m. w. N.). Dabei sind allerdings nach einem das Poli-zei- und Ordnungsrecht beherrschenden Rechtsgedanken an die Wahr-scheinlichkeit des Schadenseintritts umso geringere Anforderungen zu stel-len, je größer und folgenschwerer der möglicherweise eintretende Schaden ist (vgl. BVerwG, U. v. 26.2.1974 - I C 31.72 - juris Rn. 41). Der Gefah-renprognose müssen konkrete und nachvollziehbare tatsächliche Anhalts-punkte zugrunde liegen; bloße Verdachtsmomente oder Vermutungen rei-chen hierzu nicht aus. Es muss stets gewährleistet bleiben, dass Annahmen und Schlussfolgerungen einen konkret umrissenen Ausgangspunkt im Tat-sächlichen haben (vgl. BVerfG, U. v. 27.7.2005 - 1 BvR 668/04 - juris Rn. 151).

Ausgehend von diesen Voraussetzungen ist in der Rechtsprechung aner-kannt, dass Geldbeträge, die zur Begehung von Straftaten, insbesondere Rauschgiftgeschäften verwandt werden sollen, aus präventiv-polizeilichen Gründen sichergestellt werden können. Dieser Rechtsprechung liegt eine Gesamtbetrachtung und -bewertung der im Einzelnen festgestellten Indiz-tatsachen zugrunde. Sie beruht vor allem auf der kriminalistischen Erfah-rung, dass offensichtlich aus illegalen Drogengeschäften stammendes Geld in der Regel zumindest teilweise in die Beschaffung von Betäubungsmit-teln reinvestiert wird (vgl. NdsOVG, U. v. 25.6.2015 - 11 LB 34/14 - juris Rn. 35 mit Hinweis auf die Senatsrechtsprechung; OVG Bremen, B. v. 8.10.2012 - 1 B 102/12 - juris Rn. 29; BayVGH, B. v. 17.9.2015 - 10 CS 15.1435 u. a. - juris Rn. 22; VG München, U. v. 14.8.2013 - M 7 K 13.672 - juris Rn. 21, U. v. 10.12.2014 - M 7 K 12.4367 - juris Rn. 25; Söllner, Bargeld im Sicherheitsrecht, NJW 2009, 3339 ff.). Für die Herkunft eines sichergestellten Bargeldbetrages aus dem Drogenhandel können folgende Gesichtspunkte sprechen: hoher Geldbetrag, Versteckthalten oder zumindest Aufbewahrung an einem ungewöhnlichen Ort, szenetypische Stückelung der Geldscheine, nicht plausibel erklärte Herkunft der Mittel, Verdachtsmomente aus der organisierten Kriminalität, einschlägige strafrechtliche Ermittlungsverfahren bzw. Verurteilungen (vgl. NdsOVG, U. v. 7.3.2013 - 11 LB 438/10 - juris Rn. 37).

Unter Berücksichtigung dieser Vorgaben hat die Antragsgegnerin zu Recht angenommen, es bestehe die gegenwärtige Gefahr, der Antragsteller werde das sichergestellte Geld im Fall einer Herausgabe unmittelbar zur Begehung von Straftaten nach dem Betäubungsmittelgesetz verwenden bzw. dazu beitragen. Die Antragsgegnerin hat ihre Gefahrenprognose zutreffend auf die vorhandenen konkreten Tatsachen gestützt. Um Wiederholungen zu vermeiden und angesichts des Fehlens einer Klage- bzw. Antragsbegründung nimmt das Gericht auf die Ausführungen im Widerspruchsbescheid vom 22. Mai 2015 Bezug und folgt diesen (§ 117 Abs. 5 VwGO).

Die Begründung der Anordnung der sofortigen Vollziehung genügt den Anforderungen des § 80 Abs. 3 Satz 1 VwGO. Zwar setzt die Anordnung der sofortigen Vollziehung regelmäßig die Darlegung besonderer Gründe voraus, die über die Gesichtspunkte hinausgehen, die den Verwaltungsakt selbst rechtfertigen. Ausnahmsweise kann sich die Behörde aber auch auf die den Verwaltungsakt selbst tragenden Erwägungen stützen, wenn die den Erlass des Verwaltungsakts rechtfertigenden Gründe zugleich die Dringlichkeit der Vollziehung belegen (vgl. Schmidt in Eyermann, VwGO, 14. Aufl., § 80 Rn. 36, 43 m. w. N.). Dies ist insbesondere im Bereich des Sicherheitsrechts der Fall. Denn es liegt auf der Hand, dass bei Vorliegen einer gegenwärtigen Gefahr für Rechtsgüter der Allgemeinheit diese Gefahr verhindert werden muss.

Die Kostenentscheidung ergibt sich auf § 154 Abs. 1 VwGO. Die Streitwertfestsetzung folgt aus § 53 Abs. 2 Nr. 2, § 52 Abs. 1 GKG i. V. m. Nr. 1.5 des Streitwertkatalogs für die Verwaltungsgerichtsbarkeit.

Quelle: Bayern.Recht – Bayerische Staatskanzlei, URL: http://www.gesetze-bayern.de/Content/Document/Y-300-Z-BECKRS-B-2016-N-53042?hl=true

Verwaltungsgerichtliches Verfahren der Bundespolizei

1 K 2294/17
VG Stuttgart
Urteil vom 17.08.2017 (rechtskräftig)

**Sicherstellung von 17.640 € Bargeld durch die Bundespolizei
(„Herkunft des Bargeldbetrages aus Drogenhandel")**

Rechtsquellen	Suchworte
§ 47 Nr. 1 BPolG	gegenwärtige Gefahr
§ 47 Nr. 2 BPolG	„Eigentümerschutz"
§ 50 Abs. 1 BPolG	Nichtherausgabe des Geldes
§§ 1 Abs. 2, 12 Abs. 1 Nr. 5	Zuständigkeit der Bundespolizei
BPolG und § 163 Abs. 1 StPO	
§ 14 BPolG i.V.m. §§ 135, 136	Allgemeine Befugnisse, Verfü-
BGB	gungsverbot
§ 113 Abs. 1 VwGO	Rechtmäßigkeit der Bescheide
§ 117 Abs. 5 VwGO	Darstellung der Entscheidungs-
	gründe
§ 154 Abs. 1 VwGO	Kostenentscheidung

Leitsatz/Leitsätze (des Autors)

1. Der in Spanien lebende gambische Staatsangehörige ist einschlägig vorbestraft.
2. Bei seiner Kontrolle am 13.07.2016 wurde am Bahnhof Konstanz festgestellt, dass er von der StA Hamburg zur Aufenthaltsermittlung wegen Verstoßes gegen das BtMG ausgeschrieben war.
3. In seinem Koffer befand sich ein in Alufolie verpacktes und mit einer Hose umwickeltes Paket, das Bargeld im Wert von 17.640,00 € enthielt. Es handelte sich 728 Euronoten in szenetypischer Stückelung, von denen nur ein sehr geringer Anteil von 6,5 % von der spanischen Notenbank ausgegeben worden war.
4. Sicherstellung des Bargeldbetrages gegen Bescheinigung.
5. Der Prozessbevollmächtigte beantragt die Freigabe des Geldes mit dem Hinweis, dass sich der Kläger von dem ersparten Geld in Deutschland einen gebrauchten Mercedes-Benz kaufen wolle.

6. Mit Bescheid vom 24.01.2017 wies das Bundespolizeipräsidium den Widerspruch zurück und ordnete den sofortigen Vollzug der Sicherstellungsverfügung an. Außerdem untersagte es auf der Grundlage des § 14 BPolG i.V.m. §§ 135, 136 BGB, den sichergestellten Bargeldbetrag zu veräußern, abzutreten oder in anderer Weise über den Betrag rechtsgeschäftlich zu verfügen.

7. Die Sicherstellung des Bargeldes war erforderlich, um die gegenwärtige Gefahr abzuwehren (§ 47 Nr. 1 BPolG).

8. Die durch die Bundespolizeiinspektion Konstanz am 13.7.2016 verfügte Sicherstellung des Bargeldes in Höhe von 17.640 € ist gerichtlich nicht zu beanstanden.

9. Für die Herkunft eines sichergestellten Bargeldbetrages aus dem Drogenhandel können folgende Gesichtspunkte sprechen: hoher Geldbetrag, Versteckthalten oder zumindest Aufbewahrung an einem ungewöhnlichen Ort, szenetypische Stückelung der Geldscheine, nicht plausibel erklärte Herkunft der Mittel, Verdachtsmomente aus der organisierten Kriminalität, einschlägige strafrechtliche Ermittlungsverfahren bzw. Verurteilungen.

10. Die Maßnahme ist verhältnismäßig, geeignet und erforderlich, um die aufgezeigte gegenwärtige Gefahr abzuwehren.

11. Die Sicherstellung des Bargeldes in Höhe von 17.640 € ist danach rechtlich nicht zu beanstanden, somit hat der Kläger auch keinen Anspruch auf Herausgabe des Geldes nach § 50 BPolG.

12. Offen bleiben kann deshalb, ob die Sicherstellung des Geldes darüber hinaus auf § 47 Nr. 2 BPolG gestützt werden kann.

Entscheidung

(vom VG Stuttgart auf Anfrage übermittelt)

1 K 2294/17

VERWALTUNSGERICHT SUTTGAT

Im Namen des Volkes
Urteil

In der Verwaltungsrechtssache

- Kläger -

prozessbevollmächtigt:

gegen

Bundesrepublik Deutschland,
vertreten durch die Bundespolizeidirektion Stuttgart,

- Beklagte -

wegen Sicherstellung

hat das Verwaltungsgericht Stuttgart - 1. Kammer - durch
die Richterin am Verwaltungsgericht XXX als Berichterstatterin
ohne mündliche Verhandlung am 17. August 2017
für R e c h t erkannt:

Die Klage wird abgewiesen.

Der Kläger trägt die Kosten des Verfahrens.

Tatbestand

Der Kläger wendet sich gegen die Sicherstellung von 17.640 € und begehrt
deren Herausgabe.

48

Er ist am 1.1.1982 geboren, gambischer Staatsangehöriger und lebt in Spanien. Er ist dort im Besitz einer bis 13.3.2021 gültigen Permiso de Residencia. Mit Urteil des Amtsgerichts Hamburg vom 15.6.2015 wurde er wegen unerlaubter Einfuhr von Betäubungsmitteln in nicht geringer Menge in Tateinheit mit Beihilfe zu unerlaubtem Handeltreiben mit Betäubungsmitteln in nicht geringer Menge zu einer Freiheitsstrafe von 1 Jahr und 10 Monaten verurteilt. Die bereits erlittene Freiheitsstrafe wurde angerechnet; die restliche Freiheitsstrafe zur Bewährung ausgesetzt.

Am 13.7.2016 wurde er am Bahnhof Konstanz einer polizeilichen Kontrolle unterzogen. Es wurde festgestellt, dass er von der Staatsanwaltschaft Hamburg zur Aufenthaltsermittlung wegen Verstoßes gegen das Betäubungsmittelgesetz ausgeschrieben war und zur DNA-Feststellung eine freiwillige Speichelprobe genommen werden sollte. Laut Bericht der Bundespolizeidirektion Konstanz stimmte der Kläger zunächst einer Speichelprobenentnahme zu. Er wurde hierfür zum Bundespolizeirevier Konstanz gebracht. Sein Koffer wurde durchsucht. Dabei wurde ein in Aluminiumfolie verpacktes und mit einer Hose umwickeltes Paket gefunden, das Geld im Wert von 17.640 € enthielt. In einer Geldbörse führte der Kläger weitere 800 € mit sich. Der Kläger war im Besitz eines Flugtickets für den selben Tag von Stuttgart nach Barcelona. Er gab gegenüber den Polizisten an, er sei aus Spanien nach Deutschland gereist, um einen Gebrauchtwagen zu kaufen. Deshalb habe er das Geld, das er als Koch verdient habe und das ihm gehöre, mitgebracht. Einer Speichelprobe stimmte er nicht mehr zu. Es wurde festgestellt, dass die Banknoten zum überwiegenden Teil nicht aus Spanien stammten. Es waren 728 Euronoten in Stückelungen von 5 € (64x), 10 € (211x), 20 € (248x), 50 € (217x) und 100 € (2x). Ein Drugwipe-Test reagierte beim Wischen über die Bündel positiv auf Cannabis. Unterlagen, die im Zusammenhang mit einem Gebrauchtwagenkauf gestanden hätten, führte der Kläger nicht mit sich. Auch eine Fahrerlaubnis hatte er nicht bei sich.

Die Banknoten im Wert von 17.640 € wurden nach § 47 Abs. 1 und 2 PolG sichergestellt. Hierzu stellte die Bundespolizeiinspektion Konstanz fest, die Indizien belegten eine gegenwärtige Gefahr, da zu besorgen sei, dass das Bargeld zur Begehung von Straftaten verwendet werden solle oder bereits verwendet worden sei. Eine Herausgabe des sichergestellten Geldes würde die gegenwärtige Gefahr erneut aufleben lassen. Die Eigentumsvermutung sei nachhaltig erschüttert. Eine Herausgabe würde für den bislang unbekannten Eigentümer oder den Inhaber der tatsächlichen Gewalt den endgültigen Verlust seines Eigentums bedeuten. Die Bundespolizei sei nach §§ 1

Abs. 2, 12 Abs. 1 Nr. 5 BPolG und § 163 Abs. 1 StPO für die Maßnahme zuständig. Der Kläger erhielt eine Bescheinigung über die Sicherstellung.

Mit Schreiben vom 13.7.2016 äußerte sich der Prozessbevollmächtigte des Klägers und führte aus, für die Sicherstellung bestehe kein Rechtsgrund. Der Kläger wolle sich einen in Deutschland günstig zu erwerbenden gebrauchten Mercedes-Benz kaufen, die Gelder seien erspart und stammten aus der Familie. Er lebe seit zehn Jahren in Spanien und sei mit dem Zug nach Deutschland gereist. Die Freigabe der Gelder werde beantragt.

Dieses Schreiben wertete die Beklagte als Widerspruch, den der Vertreter des Klägers mit Schreiben vom 2.8.2016 weiter begründete: Der Kläger kaufe in ganz Europa Waren ein, um diese dann nach Afrika zu versenden. So sei es auch mit dem Mercedes geplant gewesen. Er arbeite für einen nahen Verwandten. Bei dem Geld handle es sich um Bargeldeinnahmen der Firma, die quasi der Familie gehöre. Er arbeite für diese Familie mit. Die Firma gehöre M. S. J., der ein naher Verwandter sei. Er legte kopierte Vertragsdokumente vor.

Mit Bescheid vom 24.1.2017 wies das Bundespolizeipräsidium den Widerspruch zurück und ordnete den sofortigen Vollzug der Sicherstellungsverfügung an. Außerdem untersagte es auf der Grundlage des § 14 BPolG i.V.m. §§ 135, 135[12] BGB, den sichergestellten Bargeldbetrag zu veräußern, abzutreten oder in anderer Weise über den Betrag rechtsgeschäftlich zu verfügen. Zur Begründung führte es aus, eine Überprüfung der Seriennummern der 728 sichergestellten Banknoten habe ergeben, dass nur ein sehr geringer Anteil von 6,5 % von der spanischen Nationalbank ausgegeben worden sei. Die überwiegenden Anteile der Banknoten seien von den Nationalbanken von Deutschland (47 %), Frankreich (21 %), Italien (7,8 %) und Österreich (4,5 %) ausgegeben worden. Die Angaben, das Bargeld stamme aus Arbeitslohn in Spanien und/oder dem Besitz der Familie, stehe somit in Widerspruch zu den Grundsätzen der Lebenserfahrung und seien unglaubwürdig. Der Vortrag, der Kläger habe beabsichtigt, in Deutschland einen Mercedes zu kaufen, weil dieser hier günstiger zu erwerben sei als in Spanien, überzeuge ebenfalls nicht. Eine Internetrecherche habe ergeben, dass insoweit keine Preisvorteile vorlägen. Im Gegenteil müsse zusätzlich noch eine Anmeldesteuer bezahlt werden. Nach den Angaben der spanischen Behörden sei der Kläger nicht in Besitz einer spanischen Fahrerlaubnis. Bei seiner Kontrolle habe er auch keine Fahrerlaubnis mitgeführt. Er habe darüber hinaus keine Versicherungspolice oder sonstige Unterlagen dabei gehabt, die einen Rückschluss auf einen beabsichtigten Autokauf zugelassen hätten. Auch der weitere Vortrag, das Geld stamme von seiner

---

[12] Gemeint sein dürfte § 136 BGB.

Familie bzw. sei Firmeneigentum, sei vom Kläger nicht belegt worden. Da deshalb viel dafür spreche, dass das Geld einer dritten Person gehöre, habe es nach § 47 BPolG zum Schutz des noch unbekannten Eigentümers vor Verlust sichergestellt werden können. Des Weiteren habe die Sicherstellung zur Abwehr einer erheblichen Gefahr erfolgen können. Denn ein Drugwipe-Test habe positiv auf die Droge Cannabis reagiert. Im Übrigen sei der Kläger im Jahr 2015 durch das Amtsgericht Hamburg wegen unerlaubter Einfuhr von Betäubungsmitteln in nicht geringer Menge in Tateinheit mit Beihilfe zum unerlaubten Handeltreiben mit Betäubungsmitteln in nicht geringer Menge zu einer Freiheitsstrafe verurteilt worden. Er habe damals Marihuana von Barcelona aus über den Flughafen Hamburg eingeführt. Dafür, dass der Kläger als Drogen- und Geldkurier im Bereich der organisierten Betäubungsmittelkriminalität tätig sei, spreche auch die Auffindesituation des Bargeldes. Das Verpacken von Bargeld in Aluminiumfolie werde von Bargeldkurieren vorgenommen, um für den Fall der Röntgenkontrolle des Gepäcks die Anzeige des Bargeldes zu verhindern. Der Kläger habe einen Flug von Stuttgart nach Barcelona gebucht und diesen Flug am 13.7.2016 dann auch angetreten. Die Verpackung mit Aluminiumfolie habe hier offenbar den Zweck gehabt, die Anzeige des Bargeldes durch die Röntgenkontrollgeräte am Flughafen Stuttgart zu vermeiden. Im Falle der Aufhebung der Sicherstellung bestehe somit die konkrete Gefahr, dass dieses Bargeld an den Auftraggeber abgeliefert und unmittelbar wieder in Drogengeschäfte investiert werde. Der organisierte, grenzüberschreitende Handel mit Betäubungsmitteln sowie das Verbringen der hierbei erzielten Gewinne beeinträchtigten die öffentliche Sicherheit sowie die Sicherheit der Grenzen. Die Sicherstellung des Bargeldes sei somit erforderlich, um die gegenwärtigen Gefahren abzuwehren. Deshalb sei auch die Herausgabe des Geldes nach § 50 Abs. 1 BPolG ausgeschlossen. Dem öffentlichen Interesse an der sofortigen Vollziehung sei gegenüber dem Suspendierungsinteresse des Klägers der höhere Rang einzuräumen. Zwar werde ihm dadurch die Verfügungsgewalt über den sichergestellten Betrag und damit die von ihm behaupteten Eigentums- und Besitzrechte entzogen, doch stehe nach den Ermittlungsergebnissen fest, dass das sichergestellte Bargeld aus Gewinnen im Zusammenhang mit Drogendelikten stamme. Der Kläger habe deshalb keine Eigentumsrechte an dem Bargeld erworben. Das von ihm behauptete Eigentum der Firma eines nahen Verwandten habe er nicht glaubhaft nachgewiesen. Im Übrigen käme insoweit nur die Herausgabe an den bevollmächtigten Vertreter der Firma in Betracht. Wegen der Einzelheiten wird auf den Inhalt des Widerspruchsbescheids vom 24.1.2017 verwiesen.

Der Kläger hat am 21.2.2017 Klage zum erkennenden Gericht erhoben. Er trägt vor, die Beklagte berufe sich auf die Vermutung, es handle sich um

Drogengelder. Eine konkrete Tathandlung sei nicht gegeben. Die Tatsache, dass er von der Staatsanwaltschaft Hamburg zur Abgabe einer freiwilligen Speichelprobe ausgeschrieben gewesen sei, rechtfertige nicht die Beschlagnahme. Der Bescheid sei zu unbestimmt. Es werde nicht dargelegt, auf wie viele der Geldscheine der Drogentest reagiert habe. Er sei Eigentümer des Geldes und wolle mit diesem ein Fahrzeug erwerben und im Übrigen sei er für eine Firma tätig, um in Europa Waren zu erwerben und diese dann nach Afrika zu versenden. Er sei also kaufmännisch tätig. Die Tatsache, dass die Banknoten zu einem Großteil nicht aus Spanien stammten, rechtfertige nicht die Einschätzung der Beklagten, denn in Spanien hielten sich viele Touristen auf. Im Übrigen seien in Deutschland viele ausländische Autohändler unterwegs, die nach billigen, gebrauchten Kraftfahrzeugen aus dem Luxussortiment suchen würden.

Der Kläger beantragt,

> die Sicherstellungsanordnung der Bundespolizeiinspektion Konstanz vom 13.7.2016 in Gestalt des Widerspruchsbescheids des Bundespolizeipräsidiums vom 24.1.2017 aufzuheben und die Beklagte zu verpflichten, dem Kläger die 17.640 € wieder auszuhändigen.

Die Beklagte beantragt,

> die Klage abzuweisen.

Sie trägt ergänzend vor, die Stückelungen der vorgefundenen Banknoten seien für die Drogenszene typisch. Der Kläger sei als Drogenkurier einschlägig vorbestraft. Die Verpackung in Alufolie werde regelmäßig von Bargeldkurieren vorgenommen. Bei umfangreichen Ermittlungsverfahren des Zolls sei zu Tage gekommen, dass bei dem Reisebüro, bei dem der Flug des Klägers gebucht worden sei, in der Vergangenheit mehrfach Buchungen für Drogenkuriere durchgeführt worden seien. Es habe eine gegenwärtige Gefahr im Sinne von § 47 Nr. 1 BPolG bestanden, da alles dafür spreche, dass das Geld aus Drogenhandel stamme und dafür wieder verwendet werden sollte. Der Vortrag, der Kläger habe das Geld als Koch verdient, überzeuge unter Beachtung der Stückelung und der Summe nicht. Im Übrigen handle es sich um eine häufige Behauptung von Bargeldkurieren, sie hätten Geld für einen Autokauf dabei. Es hätten auch die Voraussetzungen des § 47 Nr. 2 BPolG vorgelegen. Der Umstand, dass der Kläger das sichergestellte Geld nicht in seinem Geldbeutel, sondern versteckt bei sich getragen habe, indiziere, dass es nicht sein Geld gewesen sei. Die von ihm vorgelegten Belege enthielten keine Hinweise auf den Namen des Klägers und seien nicht geeignet, sein Eigentum am Geld nachzuweisen. Selbst bei Beachtung seines Vortrags, er habe das Geld im Auftrag von Verwandten bzw. deren Firma transportiert, schließe dies sein Eigentum aus. Schon aus diesem Grund könne keine Herausgabe an ihn erfolgen. In Spanien sei darüber hinaus gar keine Firma des angeblichen Verwandten eingetragen. Die Voraussetzungen für eine Sicherstellung seien auch nicht nachträglich weggefallen, so dass kein Anspruch des Klägers aus § 50 Absatz 1 BPolG auf Herausgabe des Geldes bestehe.

Die Beteiligten habe der Entscheidung durch die Berichterstatterin zugestimmt und auf die Durchführung einer mündlichen Verhandlung verzichtet.

Wegen der weiteren Einzelheiten wird auf den Inhalt der Gerichtsakten und der dem Gericht vorliegenden Verwaltungsakten der Beklagten Bezug genommen.

Entscheidungsgründe

Das Gericht entscheidet mit Einverständnis der Beteiligten ohne mündliche Verhandlung (§ 101 Abs. 2 VwGO).

Die Klage ist zulässig, aber unbegründet. Die angefochtenen Bescheide sind rechtmäßig und verletzen den Kläger nicht in seinen Rechten (§ 113 Abs. 1 VwGO).

Die durch die Bundespolizeiinspektion Konstanz am 13.7.2016 verfügte Sicherstellung des Bargeldes in Höhe von 17.640 € ist nicht zu beanstanden. Nach § 47 Nr. 1 BPolG kann die Bundespolizei eine Sache sicherstellen, um eine gegenwärtige Gefahr abzuwehren. Die präventive Sicherstellung einer Sache ist dabei auch möglich, wenn die Gefahr nicht von der Sache ausgeht, sondern die Sache Gegenstand eines die Gefahr begründenden Verhaltens des Besitzers ist (vgl. BayVGH, Beschluss vom 7.12.2009 - 10 ZB 09.1354 - ZfS 2010, 174; Schenke in Schenke/Graulich/Ruthig, BPolG, 2014, § 47 Rn. 9). Liegen hinreichende Anhaltspunkte dafür vor, dass mit Geld Straftaten vorbereitet oder gefördert werden sollen, kann das Geld sichergestellt werden. Die Sicherstellung soll verhindern, dass mit Hilfe der tatsächlich oder vermutlich illegal erworbenen Werte neue Straftaten vorbereitet und begangen werden (vgl. OVG Lüneburg, Urteil vom 25.6.2015 - 11 LB 34/14 - <juris> Rn. 27 zu § 26 Nr. 1 Nds. SOG).

Eine konkrete Gefahr ist gegeben, wenn nach der allgemeinen Lebenserfahrung aufgrund der konkreten Umstände des Einzelfalls mit hinreichen-der Wahrscheinlichkeit in der nächsten Zeit eine Störung der öffentlichen Sicherheit zu erwarten ist. Die Gefahr ist gegenwärtig, wenn die Einwirkung des schädigenden Ereignisses bereits begonnen hat oder wenn diese Einwirkung unmittelbar oder in allernächster Zeit mit einer an Sicherheit grenzenden Wahrscheinlichkeit bevorsteht. Die „gegenwärtige" Gefahr erfordert eine besondere zeitliche Nähe und einen besonders hohen Grad an Wahrscheinlichkeit des Schadenseintritts. Die Gefahrenprognose muss eine hohe Sicherheit aufweisen (vgl. OVG Bremen, Urteil vom 24.6.2014 - 1 A 255/12 - <juris> Rn. 25 m.w.N.). Dabei sind allerdings nach einem das Polizei- und Ordnungsrecht beherrschenden Rechtsgedanken an die Wahrscheinlichkeit des Schadenseintritts umso geringere Anforderungen zu stellen, je größer und folgenschwerer der möglicherweise eintretende Schaden ist (vgl. BVerwG, Urteil vom 26.2.1974 - I C 31.72 - <juris> Rn. 41). Der Gefahrenprognose müssen konkrete und nachvollziehbare tatsächliche Anhaltspunkte zugrunde liegen; bloße Verdachtsmomente oder Vermutungen reichen hierzu nicht aus. Es muss stets gewährleistet bleiben, dass Annahmen und Schlussfolgerungen einen konkret umrissenen Ausgangspunkt im Tatsächlichen haben (vgl. BVerfG, Urteil vom 27.7.2005 - 1 BvR 668/04 - <juris> Rn. 151).

Ausgehend von diesen Voraussetzungen ist in der Rechtsprechung anerkannt, dass Geldbeträge, die zur Begehung von Straftaten, insbesondere Rauschgiftgeschäften, verwandt werden sollen, aus präventiv-polizeilichen Gründen sichergestellt werden können. Dieser Rechtsprechung liegt eine Gesamtbetrachtung und -bewertung der im Einzelnen festgestellten Indiztatsachen zugrunde. Sie beruht vor allem auf der kriminalistischen Erfahrung, dass offensichtlich aus illegalen Drogengeschäften stammendes Geld in der Regel zumindest teilweise in die Beschaffung von Betäubungsmitteln reinvestiert wird (vgl. NdsOVG, Urteil vom 25.6.2015 - 11 LB 34/14 – <juris> Rn. 35; OVG Bremen, Beschluss vom 8.10.2012 - 1 B 102/12 - <juris> Rn. 29; BayVGH, Beschluss vom 17.9.2015 - 10 CS 15.1435 u.a. - <juris> Rn. 22; VG München, Urteil vom 14.8.2013 - M 7 K 13.672 - <juris> Rn. 21, Urteil vom 10.12.2014 - M 7 K 12.4367 - <juris> Rn. 25; Söllner, Bargeld im Sicherheitsrecht, NJW 2009, 3339 ff.). Für die Herkunft eines sichergestellten Bargeldbetrages aus dem Drogenhandel können folgende Gesichtspunkte sprechen: hoher Geldbetrag, Versteckthalten oder zumindest Aufbewahrung an einem ungewöhnlichen Ort, szenetypische Stückelung der Geldscheine, nicht plausibel erklärte Herkunft der Mittel, Verdachtsmomente aus der organisierten Kriminalität, einschlägige strafrechtliche Ermittlungsverfahren bzw. Verurteilungen (vgl. NdsOVG, Urteil vom 7.3.2013 - 11 LB 438/10 - <juris> Rn. 37).

Gemessen daran hat die Beklagte zu Recht angenommen, dass die Sicherstellung des bei dem Kläger gefundenen Bargeldes zur Abwehr einer gegenwärtigen Gefahr erforderlich gewesen ist. Auch nach Überzeugung des Gerichts besteht kein vernünftiger Zweifel daran, dass das beim Kläger am 13.7.2016 sichergestellte Geld aus dem Drogenhandel stammt und dafür wieder eingesetzt werden sollte. Die gegenwärtige Gefahr des Drogenhandels bestand im Zeitpunkt des Erlasses der Sicherstellungsverfügung und besteht auch zum jetzigen Zeitpunkt weiter. Hierfür sprechen die von der Beklagten aufgezeigten Indizien. Es bestehen keine Zweifel an einer für das Drogenmilieu typischen Stückelung des aufgefundenen Bargeldes. Dealer verkaufen Drogen typischerweise portionsweise in Größenordnungen von 50 € an die Konsumenten und bezahlen mit dem erhaltenen Geld die Importeure, die das Geld ihrerseits zum Kauf weiterer Drogen verwenden. An- und Verkauf von Drogen finden regelmäßig in einem geschlossenen Kreislauf statt, so dass bei einer auffälligen Häufung von 10€-, 20€- und 50€-Scheinen von einer im Drogenhandel üblichen Stückelung auszugehen ist (vgl. OVG Lüneburg, a.a.O.; VG München, Beschluss vom 3.11.2015 - M 7 S 15.2626 - <juris>). Auch der Transport des Bargeldes in einer Aluminiumfolie und mit einer Hose umwickelt spricht für dessen illegale Herkunft. Wenn der Drugwipe-Test auch Fehlerquoten aufweist (vgl. OVG Lüneburg, a.a.O.), weisen die festgestellten Drogenanhaftungen an den Geldscheinen jedoch als weiteres Indiz ebenfalls auf die Herkunft des Bargeldes aus dem Drogenmilieu hin.

Die auf objektiv vorliegende Tatsachen gründende Annahme des Beklagten, dass die Geldbeträge aus dem Betäubungsmittelhandel herrührten und dafür erneut verwendet werden sollten, wird durch die weitere Tatsache bestärkt, dass der Kläger, der bereits wegen unerlaubter Einfuhr von Betäubungsmitteln in nicht geringer Menge in Tateinheit mit Beihilfe zu unerlaubtem Handeltreiben mit Betäubungsmitteln in nicht geringer Menge vorbestraft ist, keine glaubwürdige Erklärung für die Herkunft der Geldbeträge und für eine legale Verwendungsabsicht geben konnte. Seine Angaben waren in den verschiedenen Verfahrensstadien widersprüchlich. Gab er zunächst an, das Geld, das er als Koch verdient habe, gehöre ihm und er wolle damit einen Mercedes kaufen, gab er später an, es handle sich um Bargeldeinnahmen einer Firma, die quasi der Familie gehöre, und für die er unterwegs sei, um einen Mercedes zu kaufen. Der Kläger hat zu dem behaupteten beabsichtigten Autokauf aber schon keine Einzelheiten etwa zu Ort, Zeit und Verkäufer dargelegt. Die Beklagte weist überzeugend darauf hin, dass bei Drogengeschäften häufig Autokauf als Grund für das Vorhandensein von Bargeld genannt wird. Auch im Übrigen folgt das Gericht der zutreffenden Begründung des Widerspruchsbescheids vom 24.1.2017 und sieht insoweit von einer weiteren Darstellung der Entscheidungsgründe ab

(§ 117 Abs. 5 VwGO). Im Klageverfahren ist es dem Kläger ebenfalls nicht gelungen, die Herkunft des Bargeldes und seine beabsichtigte Verwendung plausibel zu erklären.

Ermessensfehler sind bei der Entscheidung über die Sicherstellung des Bargeldes nicht ersichtlich. Sie ist verhältnismäßig, geeignet und erforderlich, die oben aufgezeigte gegenwärtige Gefahr abzuwehren.

Ist die Sicherstellung des Bargeldes in Höhe von 17.640 € danach rechtlich nicht zu beanstanden, hat der Kläger auch keinen Anspruch auf Herausgabe des Geldes nach § 50 BPolG.

Offen bleiben kann deshalb, ob die Sicherstellung des Geldes darüber hinaus auf § 47 Nr. 2 BPolG gestützt werden kann. Grundsätzlich können Sachen und damit auch Geld zum Schutz eines unbekannten Berechtigten sichergestellt werden. Rechte Privater werden dabei unter der Voraussetzung geschützt, dass gerichtlicher Schutz nicht rechtzeitig zu erlangen ist und ohne polizeiliche Hilfe die Verwirklichung des Rechts vereitelt oder wesentlich erschwert würde und, dass im Zeitpunkt der Sicherstellung noch damit gerechnet werden kann, den wahren Berechtigten zu ermitteln (vgl. BayVGH, Beschluss vom 17.3.2010 - 10 ZB 09.3011 - <juris>). Auf die Beantwortung dieser Fragen kommt es hier aber nicht an, nachdem jedenfalls die Voraussetzungen des § 47 Nr. 1 BPolG vorliegen.

Die Kostenentscheidung folgt aus § 154 Abs. 1 VwGO.

Rechtsmittelbelehrung:

Gegen dieses Urteil steht den Beteiligten die Berufung zu, wenn sie vom Verwaltungsgerichtshof Baden-Württemberg zugelassen wird. Der Antrag auf Zulassung ist beim Verwaltungsgericht Stuttgart, Augustenstraße 5, 70178 Stuttgart oder Postfach 10 50 52, 70044 Stuttgart, innerhalb eines Monats nach Zustellung dieses Urteils zu stellen. Der Antrag muss das angefochtene Urteil bezeichnen. Innerhalb von zwei Monaten nach Zustellung sind die Gründe darzulegen, aus denen die Berufung zuzulassen ist. Die Begründung ist bei dem Verwaltungsgerichtshof Baden-Württemberg, Schubertstraße 11, 68165 Mannheim oder Postfach 103264, 68032 Mannheim, einzureichen, wenn sie nicht bereits mit Antragstellung beim Verwaltungsgericht Stuttgart erfolgt ist. Die Berufung ist nur zuzulassen, wenn
1. ernstliche Zweifel an der Richtigkeit des Urteils bestehen,
2. die Rechtssache besondere tatsächliche oder rechtliche Schwierigkeiten aufweist,

3. die Rechtssache grundsätzliche Bedeutung hat,
4. das Urteil von einer Entscheidung des Verwaltungsgerichtshofs, des Bundesverwaltungsgerichts, des Gemeinsamen Senats der obersten Gerichtshöfe des Bundes oder des Bundesverfassungsgerichts abweicht und auf dieser Abweichung beruht oder
5. ein der Beurteilung des Berufungsgerichts unterliegender Verfahrensmangel geltend gemacht wird und vorliegt, auf dem die Entscheidung beruhen kann.

Vor dem Verwaltungsgerichtshof müssen sich die Beteiligten, außer in Prozesskostenhilfeverfahren, durch Prozessbevollmächtigte vertreten lassen. Dies gilt auch für Prozesshandlungen, durch die ein Verfahren vor dem Verwaltungsgerichtshof eingeleitet wird. Als Bevollmächtigte sind Rechtsanwälte oder die in § 67 Absatz 2 Satz 1 VwGO genannten Rechtslehrer mit Befähigung zum Richteramt oder die in § 67 Absatz 2 Satz 2 Nr. 3 bis 7 VwGO bezeichneten Personen und Organisationen zugelassen. Behörden und juristische Personen des öffentlichen Rechts einschließlich der von ihnen zur Erfüllung ihrer öffentlichen Aufgaben gebildeten Zusammenschlüsse können sich durch eigene Beschäftigte mit Befähigung zum Richteramt oder durch Beschäftigte mit Befähigung zum Richteramt anderer Behörden oder juristischer Personen des öffentlichen Rechts einschließlich der von ihnen zur Erfüllung ihrer öffentlichen Aufgaben gebildeten Zusammenschlüsse vertreten lassen. Ein Beteiligter, der nach Maßgabe des § 67 Abs. 4 Sätze 3 und 7 VwGO zur Vertretung berechtigt ist, kann sich selbst vertreten.

gez. XXX

Sicherstellung von Forderungen

Gesetzesinitiative in Niedersachsen

---

§ 29 a Niedersächsisches Polizei- und Ordnungsbehördengesetz (NPOG)
Sicherstellung von Forderungen

1) [1]Unter den Voraussetzungen des § 26 Nr. 1 können die Verwaltungsbehörden und die Polizei eine Forderung oder andere Vermögensrechte, die nicht den Vorschriften über die Zwangsvollstreckung in das unbewegliche Vermögen unterliegen, sicherstellen. [2]Die Sicherstellung hat in den Fällen des Satzes 1 die Rechtswirkungen einer Pfändung gemäß § 829 Abs. 1 Satz 1 und 2 der Zivilprozessordnung. [3]Sie bedarf der Schriftform. [4]Ihr ist ein Hinweis auf die in Satz 2 bezeichneten Rechtwirkungen beizufügen.

(2) [1]Sobald die Voraussetzungen für die Sicherstellung weggefallen sind, ist sie aufzuheben. [2]Die Aufhebung bedarf der Schriftform. [3]§ 29 Abs. 1 Satz 3 und Abs. 3 gilt entsprechend.

(3) [1]Dauert die Sicherstellung ein Jahr an, ohne dass sie nach Absatz 2 aufzuheben ist, ist die Forderung oder das andere Vermögensrecht durch die Verwaltungsbehörde oder die Polizei einzuziehen. [2]§ 28 Abs. 2 Satz 1gilt entsprechend.

(4) [1]Auf die Sicherstellung und die Einziehung finden die Vorschriften der Zivilprozessordnung über die Zwangsvollstreckung in Forderungen und andere Vermögensrechte sinngemäß Anwendung. [2]An die Stelle des Vollstreckungsgerichts treten die Verwaltungsbehörden und die Polizei.

Begründung zu Nummer 17 (§ 29 a NPOG):[13]

§ 29 a schafft eine neue Rechtsgrundlage für die Sicherstellung von Forderungen. Die Sicherstellung von Forderungen – insbesondere von Buchgeld – ist in Niedersachsen nach geltender Rechtsprechung in analoger Anwendung von § 26 nur dann zulässig, wenn sichergestelltes Bargeld zum Zweck der Verwahrung auf ein Konto eingezahlt worden ist (Nds. OVG, Urteil vom 07.03.2013 - 11 LB 438/10 -, juris Rn. 30; Urteil vom 25.06.2015 - 11 LB 34/14 -, juris Rn. 27). Diese Rechtsprechung soll in das geschriebene Recht überführt und auf alle Arten von Forderungen und vergleichbaren Vermögensrechten ausgeweitet werden.

Die Sicherstellung von Forderungen und vergleichbaren Vermögenswerten dient der Abwehr einer gegenwärtigen Gefahr. Die gegenwärtige Gefahr liegt regelmäßig darin begründet, dass die Vermögenswerte zur Begehung

---

[13] Reformgesetz zur Änderung des Niedersächsischen Gesetzes über die öffentliche Sicherheit und Ordnung und anderer Gesetze (Niedersächsischer Landtag – 18. Wahlperiode Drucksache 18/850), S. 49 ff.

von Straftaten eingesetzt werden sollen. Als Straftaten kommen insbesondere Taten der organisierten Kriminalität – etwa Geldwäsche und Hehlerei – und Straftaten mit Bezug zum internationalen Terrorismus – etwa Terrorismusfinanzierung – in Betracht. Der Entzug der finanziellen Mittel schränkt gerade bei derartigen Straftaten die Handlungsmöglichkeiten der kriminellen Gruppierungen und Personen erheblich ein. Anders als die strafrechtlichen Regelungen zur Vermögensabschöpfung hat § 29 a rein präventiven Charakter ohne eine repressive Zweckrichtung. Maßgeblich ist allein, dass der Vermögenswert in allernächster Zeit mit einer an Sicherheit grenzenden Wahrscheinlichkeit zur Begehung von Straftaten verwendet werden wird.

Zu Absatz 1:
Absatz 1 sieht vor, dass eine Sicherstellung zur Abwehr einer gegenwärtigen Gefahr zulässig ist. Der Sicherstellung unterliegen Forderungen und andere Vermögenswerte, die nicht den Vorschriften über die Zwangsvollstreckung in das unbewegliche Vermögen unterliegen. Die Sicherstellung einer Forderung oder eines anderen Vermögenswertes hat die Rechtswirkungen einer Pfändung (§ 829 Abs. 1 Satz 1 und 2 Zivilprozessordnung [ZPO]). Für den im gefahrenabwehrrechtlichen Sinne verantwortlichen Gläubiger begründet sie ein Verfügungsverbot. Dem Schuldner wird verboten, an den Gläubiger zu zahlen. Die Sicherstellungsverfügung entfaltet damit eine zweifache Regelungswirkung. Die Bekanntgabe richtet sich nach § 1 Abs. 1 Niedersächsisches Verwaltungsverfahrensgesetz (Nds. VwVfG) in Verbindung mit § 43 Abs. 1 Verwaltungsverfahrensgesetz (VwVfG).
Die Sicherstellungsverfügung muss aus Gründen der Rechtssicherheit und Rechtsklarheit schriftlich ergehen. Dabei ist die Forderung oder das sonstige Vermögensrecht eindeutig zu bezeichnen. Der Verfügung ist ein Hinweis auf die Rechtswirkungen einer Pfändung beizufügen. Die Hinweispflicht soll Gläubiger und Schuldner verdeutlichen, welche Verhaltensgebote für sie gelten. Der Hinweis ist nicht Teil des Verwaltungsaktes und entfaltet naturgemäß keine Regelungswirkung. Ein Fehlen des Hinweises berührt die Rechtmäßigkeit der Sicherstellungsverfügung nicht. Dies bringt – ebenso wie in § 37 Abs. 5 VwVfG bezüglich der Rechtsbehelfsbelehrung – der Begriff „beizufügen" zum Ausdruck.

Zu Absatz 2:
Absatz 2 lehnt sich seinem Regelungsgehalt nach an § 29 an. Die Sicherstellung, die nach der Rechtslage in Niedersachsen einen Dauerverwaltungsakt darstellt (VG Braunschweig, Urt. v. 02.12.2009 - 5 A 25/08 -, juris Rn. 20; VG Oldenburg, Urt. v. 29.06.2010 - 7 A 1634/09 -, juris Rn. 104), ist unverzüglich aufzuheben, sobald die Voraussetzungen entfallen sind. Die Aufhebung der Sicherstellung bewirkt, dass das Verfügungsver-

bot entfällt und dem Schuldner die Zahlung an den Gläubiger wieder gestattet ist. Die Aufhebung erfolgt durch Verwaltungsakt. In diesem Punkt unterscheidet sich die Regelung von § 29 Abs. 1 Satz 1, wonach die Rechtswirkungen der Sicher-stellung kraft Gesetzes enden, sobald die Voraussetzungen für die Sicherstellung weggefallen sind (vgl. HessVGH, Beschluss vom 30.06.2015 - 8 A 103/15 -, juris Rn. 19). Der Grund für diese Differenzierung liegt darin, dass die Sicherstellung einer Forderung – anders als die Sicherstellung einer Sache – Regelungswirkung auch gegenüber dem Schuldner entfaltet. Insbesondere ihm gegenüber muss Rechtssicherheit bestehen; dies gewährleistet die Aufhebung durch schriftlichen Verwaltungsakt. Aufgrund der zweifachen Regelungswirkung der Aufhebung bedarf es der Bekanntgabe sowohl an den polizeirechtlich verantwortlichen Gläubiger als auch an den Schuldner (§ 1 Abs. 1 Nds. VwVfG in Verbindung mit § 43 Abs. 1 VwVfG).

Der Verweis aus § 29 Abs. 1 Satz 3 stellt klar, dass die Sicherstellung bestehen bleibt, wenn deren Aufhebung erneut zu einer gegenwärtigen Gefahr führen würde. Der Verweis auf § 29 Abs. 3 er-klärt die Kostenregelungen für entsprechend anwendbar.

Zu Absatz 3:

Dauert die Sicherstellung ein Jahr an, ohne dass die Voraussetzungen für eine Aufhebung eingetreten sind, wird nach Absatz 3 der Vermögenswert eingezogen. Die Bestimmung der Jahresfrist erfolgt in Orientierung an § 28 Abs. 1 Nr. 4. Nach Ablauf eines Jahres ist die sichere Prognose gerechtfertigt, dass das Recht auch weiterhin zur Begehung von Straftaten genutzt werden würde, sodass eine Freigabe ausscheidet. Die Einziehung bewirkt den Übergang des Rechts auf den Rechtsträger der handelnden Behörde. Sie richtet sich – wie aus dem Verweis in Absatz 4 folgt – nach den Regelungen der ZPO, insbesondere nach § 835 ZPO.

Zu Absatz 4:

Auf die Sicherstellung und die Einziehung finden nach Absatz 4 die Vorschriften der ZPO über die Zwangsvollstreckung in Forderungen und andere Vermögensrechte (§ 828 ff. ZPO) entsprechende Anwendung. Das betrifft etwa die Modalitäten der Sicherstellung besicherter Forderungen und sonstiger Vermögensrechte (§§ 830 ff. ZPO), die Regelung zur Drittschuldnererklärung (§ 840 ZPO) und die Vorschriften zum Pfändungsschutz (§§ 850 ff. ZPO). Bei der sinngemäßen Anwen-dung ist darauf zu achten, dass die in der ZPO verwendeten Bezeichnungen der betroffenen Personen als Gläubiger, Schuldner und Drittschuldner nicht den hier verwendeten Bezeichnungen entsprechen. An die Stelle des Gläubigers im Sinne der ZPO treten die Gefahrenabwehrbehörden. Der Schuldner im zivilprozessualen Sinne ist regelmäßig die gefahrenabwehrrechtlich verantwortliche Person. Drittschuldner ist der Schuldner der sichergestellten Forderung bzw. des sichergestellten Vermögenswerts. An die Stelle des Vollstreckungsgerichts treten die Verwaltungsbehörden und die Polizei, die die erforderlichen Maßnahmen selbst treffen. Dies stellt Satz 2 ausdrücklich klar.

Anhang

Monografien und Fachaufsätze von
Ernst Hunsicker
zur Präventiven Gewinnabschöpfung (PräGe)

Monografien von *Ernst Hunsicker*

- **Präventive Gewinnabschöpfung (PräGe) in Theorie und Praxis –**
  Sicherstellung, Verwahrung und Verwertung von Gegenständen und
  (Bar-)Geld aus Gründen der Gefahrenabwehr in Kooperation von Polizei, Staatsanwaltschaft und Kommune – (Osnabrücker Modell) – Arbeitshilfe, 3. überarb. & erw. Auflage (2008), 175 Seiten, Verlag für
  Polizeiwissenschaft, Frankfurt /Main,
  Bestellmöglichkeit: Verlag für Polizeiwissenschaft,

- **Präventive Gewinnabschöpfung (PräGe) –**
  Entscheidungssammlung in Volltexten – Sammelband, 4., überarbeitete & erweiterte Auflage (2017), 391 Seiten, GRIN Verlag, München/Ravensburg (als Buch und E-Book),
  Bestellmöglichkeit und „Im eBook lesen", URL:
  http://www.grin.com/de/e-book/89521/praeventive-
  gewinnabschoepfung-praege-entscheidungssammlung-in-volltexten,

- **Verfassungsmäßigkeit der Präventiven Gewinnabschöpfung (Prä-
  Ge) –**
  Beurteilung der Verfassungsmäßigkeit unter Einbindung der BVerfG-
  Entscheidung zum erweiterten Verfall (§ 73d StGB) und der einschlägigen Rechtsprechung (PräGe), 1. Auflage (2009), 35 Seiten, GRIN
  Verlag, München/Ravensburg (als Buch und E-Book),
  Bestellmöglichkeit und „Im eBook lesen", URL:
  http://www.grin.com/de/e-book/126793/verfassungsmaessigkeit-der-
  praeventiven-gewinnabschoepfung-praege,

- **Ländervergleich: Präventive Gewinnabschöpfung (PräGe) –**
  Rechtsgrundlagen, Rechtsprechung, Entwicklung und Stand in
  Deutschland – Vergleichbare Rechtsgrundlagen in Österreich und in
  der Schweiz, 1. Auflage (2009), 97 Seiten, GRIN Verlag, München/Ravensburg (als Buch und E-Book),
  Bestellmöglichkeit und „Im eBook lesen", URL:
  http://www.grin.com/de/e-book/140135/laendervergleich-praeventive-
  gewinnabschoepfung-praege,

- **Die Präventive Gewinnabschöpfung (PräGe) im Überblick** –
Auflage (2014), 33 Seiten, GRIN Verlag, München/Ravensburg (als Buch und E-Book),
Bestellmöglichkeit und „Im eBook lesen", URL:
http://www.grin.com/de/e-book/278421/die-praeventive-gewinnabschoepfung-praege-im-ueberblick.

Fachaufsätze von *Ernst Hunsicker*

- Präventive Gewinnabschöpfung – Sicherstellung/Verwertung von Gegenständen und Bargeld aus präventiv-polizeilichen Gründen, in: Kriminalistik 4/03, S. 234 ff.,

- Osnabrücker Modell: Gewinne abschöpfen, in: POLIZEI-EXTRABLATT Nr. 6/2003, S. 4.

- Präventive Gewinnabschöpfung – Verunsicherung durch abweichende Rechtsprechung zur Sicherstellung und Verwertung von Bargeld, in: DIE POLIZEI 7-8/2006, S. 252 ff.,

- Präventive Gewinnabschöpfung – Bezeichnungen, Inhalte, Vorbehalte und Implementierung, in: der kriminalist 10/2006, S. 430 ff.,

- Rückgewinnungshilfe und Vermögensabschöpfung bei Straftaten – Entwurf eines Gesetzes zur Stärkung dieser Instrumente, in: Kriminalistik 10/2006, S. 615 ff.,

- Präventive Gewinnabschöpfung (PräGe) – Replik auf die Abhandlung von Prof. Dr. Kay Waechter in NordÖR 11/2008, Seiten 473 ff., in: NordÖR 2/2009, S. 62 ff.,

- Präventive Gewinnabschöpfung (PräGe): Entgegnung auf Philipp Thiée in StV 2/2009, S. 102 ff., in: StV 4/2010, S. 212 ff.,

- Präventive Gewinnabschöpfung – Entwicklung und Stand in Deutschland - Blick nach Österreich und in die Schweiz, in: Kriminalistik 1/2010, S. 38 ff.,

- Präventive Gewinnabschöpfung – Definition, Etablierung und Bezeichnung unter Einbeziehung verfassungsrechtlicher Entscheidungen und kritischer Bewertungen, in: DIE KRIMINALPOLIZEI 4/2012, S. 13 ff., URL: http://www.kriminalpolizei.de/ausgaben/2012/dezember/detailansichtdezember/artikel/praeventive-gewinnabschoepfung.html,

- Präventive Gewinnabschöpfung – Bilanz nach rund zehn Jahren, in: Kriminalistik 6/2013, S. 396 ff.,

- Aktuelles zur Präventiven Gewinnabschöpfung – Anforderungen an die „gegenwärtige Gefahr" und Plädoyer für eine bundesweit geltende präventiv-polizeiliche Einziehung, in: Kriminalistik 8-9/2015, S. 516 ff.,

- Präventive Gewinnabschöpfung durch den Zollfahndungsdienst gemäß § 32b Zollfahndungsdienstgesetz (ZFdG), in: der kriminalist 6/2010, S. 34,

- Sicherstellung von Buchgeld von besonderer Bedeutung für die Präventive Gewinnabschöpfung, in: der kriminalist 12/2016, S. 32 f.,

- Strafrechtliche Vermögensabschöpfung und Präventive Gewinnabschöpfung – Verliert die Präventive Gewinnabschöpfung an Bedeutung? (Arbeitstitel), vorgesehen für eine Veröffentlichung, in: Kriminalistik (evtl. Ausgabe Juli 2018); *dazu einleitend und als Ergebnis:*

„Am 01.07.2017 ist das Gesetz zur Reform der strafrechtlichen Vermögensabschöpfung in Kraft getreten. Damit verfolgt der Gesetzgeber das Ziel, das Recht der Vermögensabschöpfung zu vereinfachen, die vorläufige Sicherstellung von Vermögenswerten zu erleichtern und die nachträgliche Abschöpfung von Vermögensgegenständen zu ermöglichen. Darüber hinaus sollen nicht vertretbare Abschöpfungslücken geschlossen werden. Kernstück des Reformvorhabens ist die vollständige Neuregelung der Opferentschädigung. Das Gesetz setzt damit auch die „Richtlinie 2014/42/EU des Europäischen Parlaments und des Rates vom 3. April 2014 über die Sicherstellung und Einziehung von Tatwerkzeugen und Erträgen aus Straftaten in der Europäischen Union" um. Es ist zu prüfen, ob durch dieses Vermögensabschöpfungsgesetz die Präventive Gewinnabschöpfung (PräGe) – also die präventive bzw. gefahrenabwehrende Sicherstellung von Sachen (Gegenstände, Bargeld) – an Bedeutung verloren hat oder sogar obsolet geworden ist."

„Mit der Einführung dieses neuen Abschöpfungsinstruments verfolgt die Bunderegierung das Ziel, der organisierten Kriminalität und dem

Terrorismus die finanziellen Ressourcen zu entziehen – folglich: wirksame Bekämpfung schwerer Kriminalität. Die in Betracht kommenden Straftaten sind in §76a Abs. 4 StGB (Selbständige Einziehung) abschließend aufgeführt. Dieser Katalog an rechtswidrigen Taten war bisher für die Präventive Gewinnabschöpfung – also die präventivpolizeiliche Sicherstellung von Gegenständen und Bargeld – nicht besonders relevant und ist es auch mit der Reform der strafrechtlichen Vermögensabschöpfung weiterhin nicht. Der bloße Verdacht der illegalen Herkunft des Gegenstandes reicht nicht für dessen Einziehung aus und die Einziehung von Vermögensgegenständen ist erst im Gerichtsstadium möglich. Auch kann die Staatsanwaltschaft von dem Antrag auf selbständige Einziehung absehen, wenn das Erlangte nur einen geringen Wert hat oder das Verfahren einen unangemessenen Aufwand erfordern würde. Unter Berücksichtigung dieser Anhaltspunkte zur strafrechtlichen Vermögensabschöpfung sind Verfahren der Präventiven Gewinnabschöpfung denkbar. Die Praxis wird zeigen, wie sich die aktuelle strafrechtliche Vermögensabschöpfung auf die Präventive Gewinnabschöpfung auswirkt. Letztendlich ist es aber nicht von besonderer Bedeutung, auf Grund welcher Rechtsgrundlage (Strafrecht, Gefahrenabwehrrecht) deliktische/inkriminierte Sachen (Gegenstände, Bargeldbeträge) eingezogen/sichergestellt werden. Wichtig ist, dass

- *zum einen Opfer von Straftaten unkompliziert entschädigt und*
- *zum anderen, dass inkriminierte/deliktische Sachen eingezogen und somit – was insbesondere sichergestelltes Bargeld betrifft – dem „kriminellen Kreislauf" entzogen werden. "*

Berufliche Vita des Verfassers in Kurzform

Kriminaldirektor a.D. *Ernst Hunsicker* trat 1962 in den Polizeivollzugsdienst des Landes Niedersachsen ein. Nach der Grundausbildung und der Verwendung in der Bereitschaftspolizei kam er 1965 zum Polizeiabschnitt Lingen/Ems, wo er im SOV-Dienst (Sicherheit, Ordnung, Verkehr) eingesetzt war. 1967 wurde *Hunsicker* zur Landeskriminalpolizeistelle Osnabrück abgeordnet (später versetzt), wo er in verschiedenen Dienstbereichen (Sachbearbeiter Wirtschaftskriminalität/Betrug/ Fälschungen, Wachgruppenleiter im Kriminaldauerdienst, Mitglied der 1. Mordkommission) arbeitete.

Von 1972 bis 1975 erfolgte seine Ausbildung für den gehobenen Polizeivollzugsdienst der Kriminalpolizei. Danach bis 1979 Verwendung als Führungsgehilfe K 1 beim Leiter der Kriminalpolizei im (ehemaligen) Regierungsbezirk Osnabrück, Leiter des 3. Fachkommissariats (Wirtschaftskriminalität / Betrug / Fälschungen) in Lingen/Ems und Fachlehrer an der Landespolizeischule Hann. Münden in Kommissarslehrgängen. Daran schloss sich das Studium für den höheren Polizeivollzugsdienst der Kriminalpolizei an (1979 bis 1981).

Im Anschluss fand *Hunsicker* Verwendung als Fachlehrer an der Landespolizeischule Hann. Münden (bis 1982), stellvertretender Ausbildungsstättenleiter und Fachlehrer in Bad Iburg/LK Osnabrück (bis 1988), stellvertretender Leiter der Kriminalpolizeiinspektion Osnabrück (bis 1993) und Leiter der Kriminalpolizeiinspektion Lingen/Ems (bis 1994).

Von 1994 bis zu seiner Pensionierung mit Ablauf des Monats Februar 2004 leitete er den Zentralen Kriminaldienst bei der Polizeiinspektion (Z) Osnabrück-Stadt und war in Personalunion stellvertretender Inspektionsleiter.

Hunsicker hat sich in zahlreichen Veröffentlichungen mit der Kriminalitätsverfolgung und -verhütung, dem – auch kundenorientierten – Einsatz der Polizei und dem polizeilich relevanten Recht befasst.

Homepage: http://ernsthunsicker.de
Kontakt: ernst-hunsicker@t-online.de

BEI GRIN MACHT SICH IHR WISSEN BEZAHLT

- Wir veröffentlichen Ihre Hausarbeit,
  Bachelor- und Masterarbeit

- Ihr eigenes eBook und Buch -
  weltweit in allen wichtigen Shops

- Verdienen Sie an jedem Verkauf

Jetzt bei www.GRIN.com hochladen und kostenlos publizieren